玩转支付宝理财

赚钱、记账、省钱、贷款、众筹

有图有步骤，有方法有技巧。一学就会，拿来即用

玩转
支付宝理财

庞金玲 / 著

中国商业出版社

图书在版编目（CIP）数据

玩转支付宝理财 / 庞金玲著 . — 北京 : 中国商业出版社， 2017.1

ISBN 978-7-5044-9662-1

Ⅰ . ①玩… Ⅱ . ①庞… Ⅲ . ①互联网络 – 应用 – 投资 – 基本知识 Ⅳ . ① F830.59-39

中国版本图书馆 CIP 数据核字 (2017) 第 001871 号

责任编辑：唐伟荣

中国商业出版社出版发行

010-63180647　www.c-cbook.com

(100053　北京广安门内报国寺 1 号)

新华书店经销

北京时捷印刷有限公司印刷

*

710 × 1000 毫米　1/16　18 印张　285 千字

2017 年 3 月第 1 版　　2017 年 3 月第 1 次印刷

定价：42.80 元

*　*　*　*

前言

PREFACE

现在，网购已经成为一种主流的购物方式，越来越多的电商平台崛起，平台上物美价廉的商品繁多，人们足不出户就能货比三家，买到自己中意的商品。有过网购经历的人大多用过支付宝，将其作为支付工具，殊不知，支付宝目前已演变为理财工具，它还能帮我们进行有效的理财。

支付宝作为一个第三方支付平台，给我们的生活带来了很多便利，它除了有支付功能外，还能提供不少理财产品。相信你有不少疑问，支付宝上的理财产品靠谱吗？支付宝怎么理财？支付宝理财安全吗？收益怎么样？那就让我们一起走进本书，玩转支付宝理财。

本书以互联网金融为核心，全面解读了支付宝所具有的各项理财项目，书中不仅对支付宝平台上最热门的理财产品进行了全面详细的讲解，还介绍了如何投资基金和黄金、如何众筹融资等知识，帮助你快速从支付宝理财新手成为支付宝理财高手。

本书主要有以下两个特色：

（1）通俗易懂，内容全面：本书体系完整，从理论到实践分为14个专题对支付宝理财进行详细解读，包括支付宝使用技巧、支付宝记账本、蚂蚁聚宝、余额宝、招财宝、存金宝、娱乐宝、保险理财、淘宝众筹、蚂蚁达客、芝麻信用、蚂蚁花呗、支付宝理财安全防范、支付宝投资理财攻略等专题，帮助读者全面认识、玩转支付宝理财。

（2）接地气——以操作为主，实战性强：本书全面详述支付宝平台的理财产品，结合图片和流程图，详细讲解操作方法，帮助读者掌握玩转支付宝理财的具体方法和技巧。

本书不是宏篇大论的理论指导书，而是一本拿来即用的实战宝典。既能帮助对支付宝理财感兴趣的人全面了解相关知识，更对想通过支付宝平台进行投资理财的人提供了具体的操作方法。

想要成为支付宝理财高手，一定要掌握好的方法。好的开端就是成功的一半。比如，想要理财，就要先学会记账。记账不仅能让你清楚地了解自己的经济状况，帮你养成合理的消费习惯，还能让你在今后的理财过程中避免不少麻烦。

工作繁忙，让你没时间关注金融行情，怎么办？想要工作理财两不误，支付宝无疑是一个不错的选择，上着班也能进行理财。

假如你的风险承受能力还不错，又有一定的理财头脑，那么你可以尝试蚂蚁聚宝和招财宝，通过基金理财，使你的资本迅速翻倍。

支付宝的理财途径还有很多，比如存金宝、淘宝众筹、蚂蚁达客、蚂蚁花呗等，针对不同理财需求的人群提供不同的理财产品，你可根据自身的理财需求进行选择。

能够让你富裕起来的人只有你自己，所以，现在开始理财，行动起来吧！跟随本书一起，走进理财的精彩世界。在这里，每个人都是理财能手。

目录

CONTENTS

第10章 蚂蚁达客，利用股权众筹分享企业经营利润

第11章 芝麻信用，开启你的信用生活

第12章 蚂蚁花呗，先消费后付款

本章精彩导读

什么是支付宝
如何注册支付宝
如何登录支付宝
如何给支付宝账户充值
如何查看历史账单
如何用支付宝转账
信用卡还款，还款收益两不误
AA收款，聚会付款不用愁
使用卡券，随时享受购买折扣
支付宝的六大支付方式

第 1 章　支付宝，开启你的理财致富之路

支付宝是以每个人为中心，拥有超4.5亿实名用户的生活理财服务平台。目前，支付宝已发展成为融合了支付、生活服务、社交、理财、保险等多个场景与行业的开放性平台。除提供便捷的支付、转账、收款等基础功能外，还能快速完成信用卡还款、充话费、缴水电煤宽带费等。下面跟随本章一起去玩转支付宝，开启你的理财致富之路。

1.1 什么是支付宝

支付宝，是大家耳熟能详的第三方支付平台。但是了解并使用“支付宝钱包”的人相对却少得多。这不由得让人好奇起来，它究竟是什么呢？

支付宝钱包，是支付宝网络技术有限公司于2004年12月推出的集“在线支付”和“生活应用”为一体的手机APP。通过加密传输、手机认证等安全保障体系，最大程度地突破时间地点等客观条件的限制，免费为用户提供付款交易、话费充值、活期转账、还贷还款、购买彩票、缴水电煤宽带费等服务。

换句话说，支付宝钱包是国内领先的移动支付平台，是第三方支付平台（即支付宝）旗下的一个独立品牌，它的功能与网上钱包类似。那么，支付宝钱包有哪些功能呢？

支付宝钱包主要有五大功能：

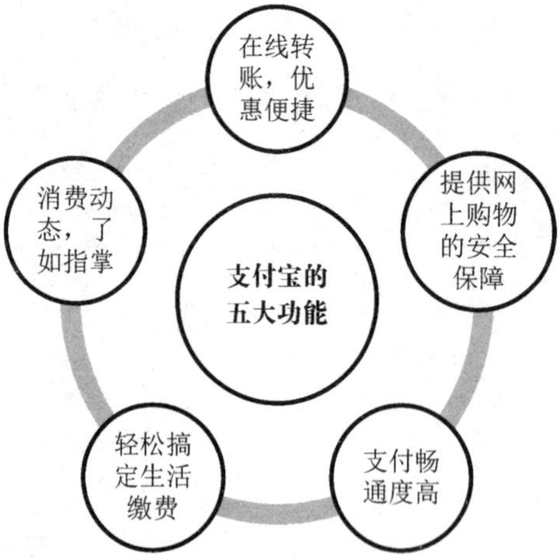

■ 在线转账，优惠便捷

转账业务是银行办理频率较高的业务，也是很让人劳心的业务，因为它受到银行工作时间、最近网点的距离、是否同行等条件的限制，并且通常会产生手续费用。但是如果用户使用支付宝钱包的在线转账业务，就无需担忧上述条件，而且它不仅免收手续费，资金也会在数分钟内到账，方便快捷。

■ 提供网上购物的安全保障

支付宝网络技术有限公司拥有业界公认的严格的安全技术和数据保密制度，作为支付宝旗下的产品，支付宝钱包也能为用户提供资金和个人信息的安全保护，用户可以放心进行网上购物及理财。

■ 支付畅通度高

支付宝在推出支付宝钱包之初，就积极寻求战略合作伙伴，与中国五大银行及其他百余家银行和金融机构达成合作，尽可能地满足用户的需求。采取多种支付方式，灵活地解决用户在支付过程中遇到的问题。

如果你经济紧张，还可以向好友提出代付申请，来缓解自身的支付压力。

■ 轻松搞定生活缴费

为各种生活缴费而取号排队的传统方式总会让人焦虑心烦。但是现在，不管是水电天然气缴费、信用卡还款，还是全国话费充值、IC卡充值办理等服务，你都可以操作手机，进行快速缴费。这种便捷高效的方式，能为用户节约很多的时间和精力。

■ 消费动态，了如指掌

你在使用支付宝钱包时，每笔消费都会产生电子记录。同时系统也会自动生成对账单反馈给你，使你自己对交易明细了然于心，进而制定出符合目前状况的消费计划，进行合理的理财。

你只需通过手机下载支付宝钱包APP，就可以随时随地进行线上支付，完成任意一笔交易。

1.2 如何注册支付宝

一般来说，登录支付宝钱包需先注册用户名、绑定银行卡。一个人可以注册多个支付宝账户，但一个身份证件只能在淘宝开一家店铺。其具体的登录步骤如下。

第一步：支付宝的登录地址为https://www.alipay.com/，输入网址，进入“支付宝”。在支付宝首页，点击“立即注册”按钮。

第二步：支付宝注册账户分为个人账户和企业账户。如果你是个人注册，选择个人账户。如果你是企业注册，选择企业账户。系统默认个人账户。在“个人账户”界面，输入手机号码和收到的短信验证码，勾选“同意《支付宝服务协议》”，点击“下一步”按钮。

需要注意的是：在选择账户类型时，请根据自己的需要慎重选择账户类型，公司类型的支付宝账户一定要有公司银行账户与之匹配。一旦注册成功，账户类型是不能修改的。

第三步：填写个人信息。输入账户名、设置登录密码和支付密码，点击“提交”按钮。

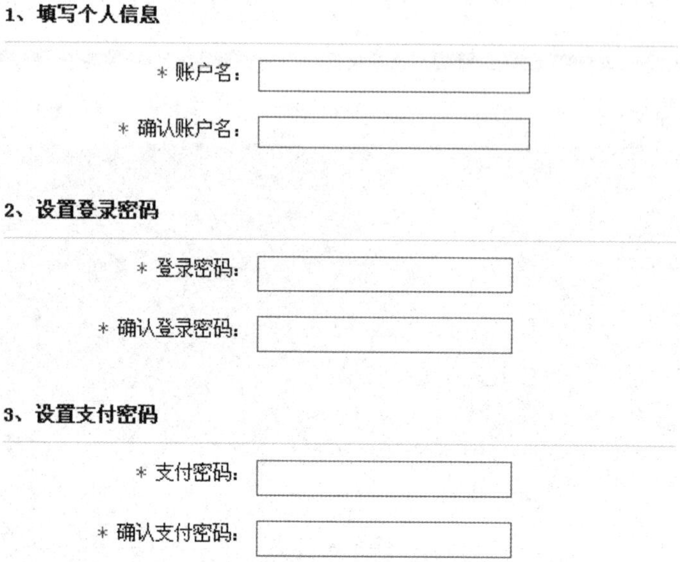

第四步：设置支付方式。输入真实姓名、身份证号、银行卡卡号、手机号码，勾选“我同意快捷支付服务协议”，点击“确定”按钮。

第五步：确认注册。输入校验码，点击“确认，注册成功”按钮，完成开通支付宝服务且绑定银行卡成功。注册成功后，该账户名可在支付宝、天猫、淘宝、聚划算、一淘、阿里巴巴国际站、阿里巴巴中文站、阿里云网上通用，且登录密码与支付宝登录密码一致。

1.3 如何登录支付宝

注册支付宝账号后，接下来就是登录支付宝。随着移动互联网的发展，如今登录支付宝的方法也变得简单快捷。下面介绍两种常用的登录方法。

■ 扫码登录

在支付宝登录界面点击二维码标志，会出现扫码页面。打开手机支付宝，点击“扫一扫”按钮，对着电脑端的二维码进行扫描。选择“确认登录”按钮，电脑端即可登录支付宝账户。

■ 账号登录

在支付宝登录界面，点击“登录”按钮。输入你注册的支付宝账号和登录密码，点击“登录”按钮，即可成功登录支付宝。

1.4 如何给支付宝账户充值

支付宝具有转账汇款的功能，你可以直接汇款给对方的支付宝账户或银行卡。不过，使用电脑客户端转账需要支付相应的服务费，而使用手机客户端则可以免服务费。这其实是支付宝抢占移动互联网市场的营销策略，让更多的用户使用支付宝手机客户端，增强用户黏性。

使用电脑客户端汇款要支付服务费，费用是汇款金额的1.5%～2%。并不是所有用户都使用手机客户端转账汇款，使用电脑客户端的用户仍有很多。

你可以先给支付宝账户充值，再把支付宝内的资金转账出去。或直接使用支付宝的“快捷支付”功能，将自己银行卡内的资金进行转账。

给支付宝账户充值、转账汇款的具体操作步骤如下。

第一步：在支付宝首页，找到“账户余额”，点击“充值”按钮，进入“充值”界面。

第二步：在充值界面有两个充值选项，一个是充值到余额宝，一个是充值到余额。

选择充值到余额，有三种充值方式：储蓄卡快捷充值、话费卡和充值码。根据你的情况选择合适自己的充值方式。这里以储蓄卡为例。

若账户未激活，请先激活账户，保存快捷支付银行卡成功后再充值，渣打银行、韩亚银行储蓄卡快捷支付暂不支持充值。

选择“储蓄卡”，选择你的银行卡，点击“下一步”按钮。

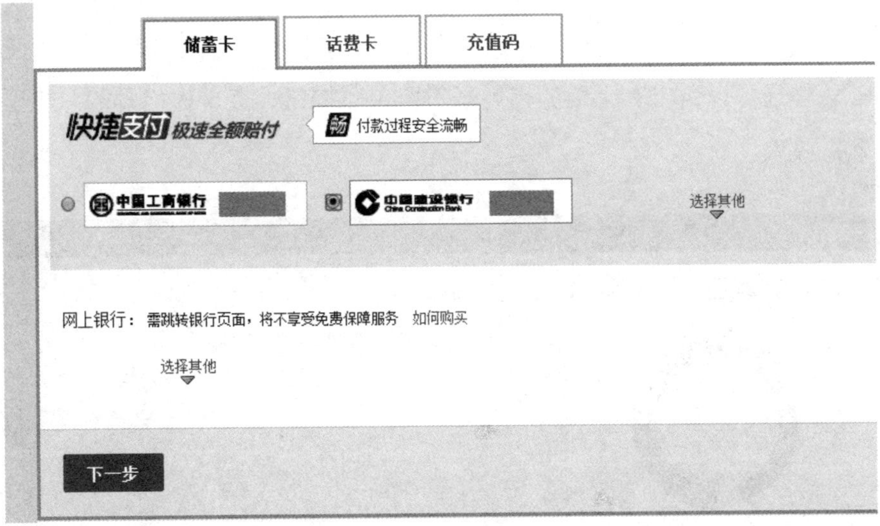

使用银行储蓄卡快捷支付方式充值是有限额的，详情见下表：

单笔限额（元）	每日限额（元）	每月限额（元）
1万	5万	10万

第三步：输入充值金额和支付宝支付密码，点击“确认充值”按钮，充值成功。

1.5　如何查看历史账单

你在支付宝的每笔收支、消费记录、已经下单未付款的项目都可在账单记录中查看。

登录自己的支付宝账户后，在主界面中的下方，即可查看近期的收支账单。

点击任意交易记录进入“账单详情”界面，即可查看交易详情，包括收付款单位、金额、交易时间等信息。

你还可以点击右上角的“电子对账单”按钮，查看你当月的总支出和总收入。

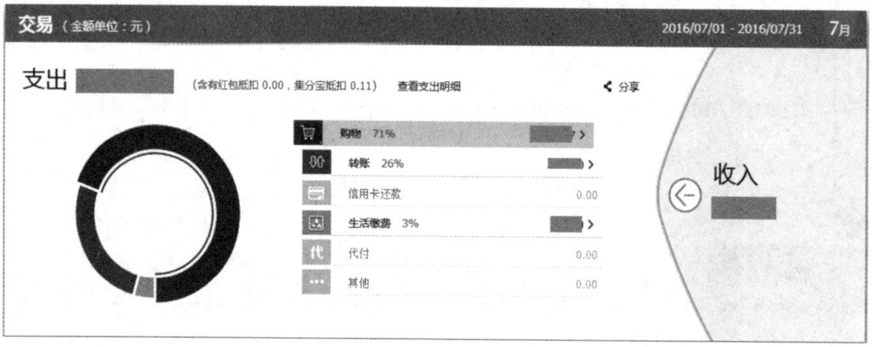

1.6 如何用支付宝转账

用支付宝转账有两种方式：转账到支付宝账户和转账到银行卡。下面分别对这两种方式的操作流程进行演示。

■ 转账到支付宝账户

转账到支付宝账户就是基于你对交易对方的信任，通过支付宝自愿付款给对方的行为 。转账到支付宝账户，属于即时到账转款，具体操作步骤如下。

第一步：在支付宝的首页，找到“账户余额”，点击右侧的“转账”按钮，进入“转账”界面。选择“转账到支付宝”，输入收款方账户、收款人姓名（勾选校验收款人姓名后才需要输入）、付款金额、付款说明，点击“下一步”按钮。

第二步：确认你的转账信息是否正确。确认完毕，选择付款终端：“电脑付款”或“手机付款”，系统默认选择“手机付款”方式。

根据你的需要选择付款方式，这里选择“电脑付款”，点击“确认信息并付款”。

第三步：输入支付宝支付密码，点击“确认付款”按钮，转账到支付宝成功。

转账到支付宝是有限额的。手机转账的限额为单笔20万元，每日20万元；电脑转账的限额为支付宝账户有证书的单笔2万元，每日2万元；

账户无证书的单笔2000元，每日2000元。

■ 转账到银行卡

转账到银行卡是指通过支付宝账户，将可用余额、储蓄卡（网银、快捷、卡通）、余额宝资金，转入指定人的储蓄卡中。

转账到银行卡的到账时间分为2小时到账和次日到账两种。具体根据不同的银行而定。

转账到银行卡的具体操作步骤如下。

第一步：在支付宝的首页，点击“转账”按钮。进入“转账”界面。选择“转账到银行卡”。

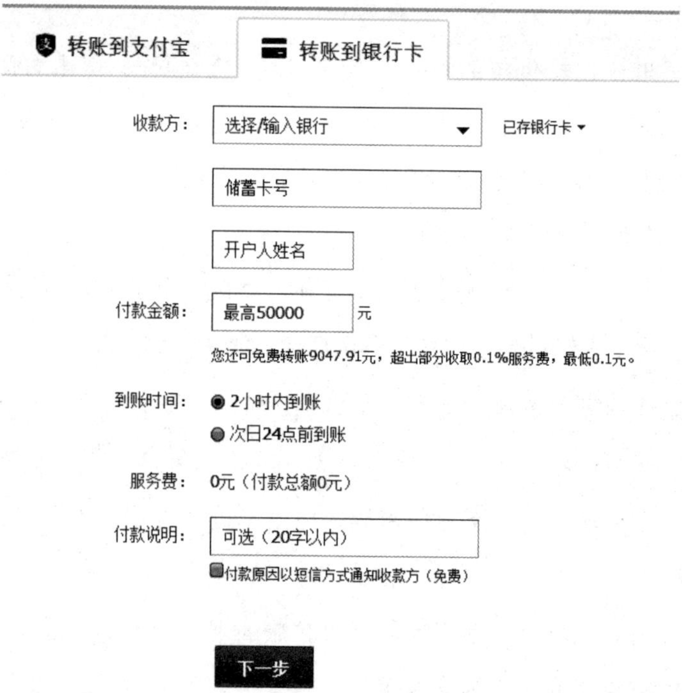

输入收款方的银行名称、卡号、开户人姓名、付款金额，选择到账时间，填写付款说明（可写可不写，依需求而定），点击“下一步”按钮。

第二步：确认你的转账信息是否正确。确认完毕，点击“确认信息并付款”按钮。

转账到银行卡

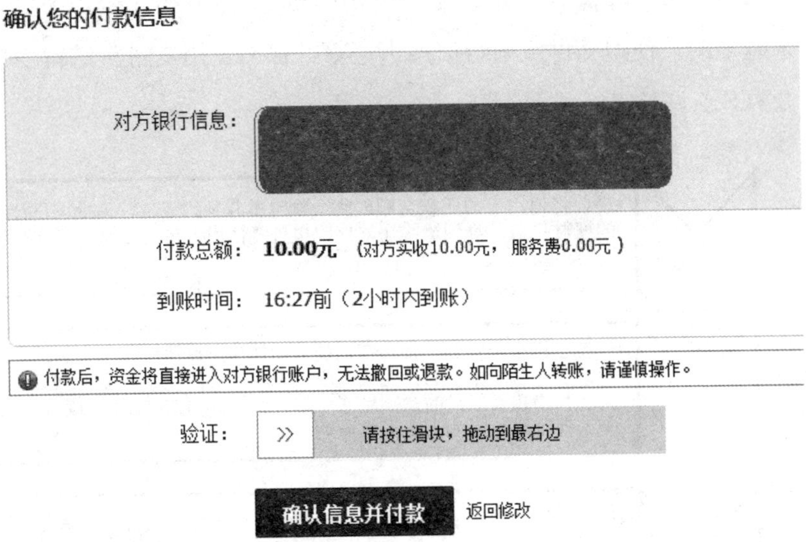

第三步：选择付款方式，输入支付宝支付密码，点击“确认付款”按钮，转账到银行卡成功。

从2016年10月12日起，支付宝转账到银行卡的收费规则如下：

※实名个人用户（同一身份信息视为同一用户）每人累计享有人民币20000元的基础免费转账额度；

※超过基础免费额度后，按提现金额的0.1%收取服务费，单笔服务费小于0.1元的，按照0.1元收取。

1.7 信用卡还款，还款收益两不误

随着人们生活水平的提高，使用信用卡的人越来越多。而信用卡属于提前消费，透支后需要还款，信用卡的还款方式有很多，不过如今越来越多的人使用支付宝来给信用卡还款。那么使用支付宝进行信用卡还款有什么好处呢？

获得收益

- 提前将信用卡的还款金额放到余额宝里并预约还款，享受按日计算的理财收益，等到最终还款日，再进行信用卡自动还款，还款和收益两不误

方便、快捷

- 只要手机下载安装了支付宝，随时随地都可以用支付宝余额、已绑借记卡、余额宝中的钱完成信用卡还款，支付宝还支持预约还款，只要预约扣款账户的余额足够还款，就能在预约时间自动完成信用卡还款，避免因为大意形成逾期

提高信用

- 用支付宝给信用卡还款可以体现持卡人的信用状况和还款能力，有利于提高芝麻分，让持卡人享受到更好的服务。比如，芝麻分600以上可以免押金租房、扫码即可无需押金租公共自行车、芝麻分650以上可以免押金租车等

目前，支付宝支持30多家银行的信用卡还款。具体的操作方法如下所述。

在支付宝首页的最下方点击“信用卡还款”按钮，进入还款界面。选择发卡银行、输入信用卡卡号、持卡人姓名、还款金额，设置每月还款提醒的时间（也可以不设置），点击“提交还款申请”按钮。

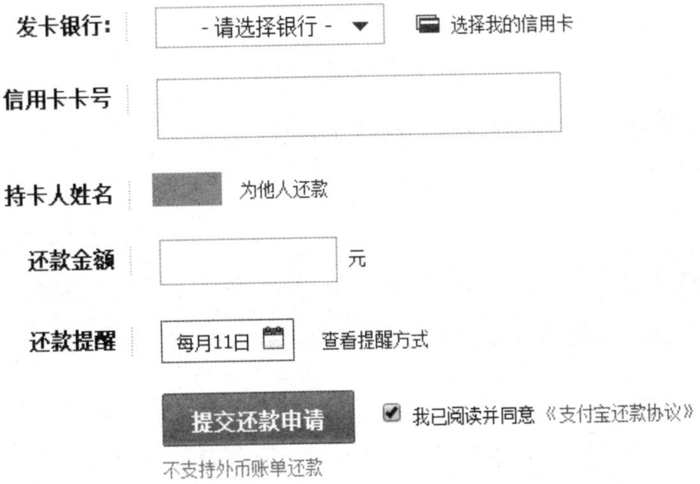

进入支付宝支付界面，选择付款方式，输入支付宝支付密码，点击“确认付款”按钮。付款成功，等待银行处理。

完成付款后，如果要查询还款是否到账或到账时间，具体操作方法如下所述。

在“信用卡还款”界面，点击“还款记录”，根据还款时间找到需要查询的还款记录，点击“详情”按钮，即可查看该笔信用卡还款的到账情况。

如果信用卡还款失败，手续费会退回支付宝余额，本金则根据账户类型及支付渠道退回余额、余额宝或者银行卡里。

未激活支付宝账户和快捷支付的用户，还款失败后的金额原路退回到付款的银行卡中。

已激活支付宝账户使用余额、快捷支付（卡通）、部分网银支付的金额会直接退回到支付宝账户中，可以提现。

1.8 AA收款，聚会付款不用愁

随着消费观念的改变，“AA制”在年轻人之间流行起来。但是这种消费方式存在缺陷：在现金不够或者没有带足零钱的情况下，怎样进行AA呢？

“支付宝钱包”里的“一起AA”功能可以很好地解决这个问题。你只要在手机上简单操作几下，就可以通过线上支付，将每人平摊的费用凑齐。并且，“支付宝钱包”也正积极开拓与线下商家的合作，力图使AA收款的功能可以得到普及。

AA收款理财的具体操作步骤如下。

第一步：打开“支付宝钱包”，点击“生活”按钮。在“资金往来”栏目里找到“AA收款”并点击。

第二步：在“AA收款”界面，有三个选项：聚会AA、活动收款、江湖救急。这里以日常生活中应用次数最多的聚会AA为例。点击“聚会AA”按钮。

第三步：输入总金额和总人数，点击“确定”按钮。

第四步：点击“选择朋友收款”，选择要收款的朋友。

第五步：点击“发送”，收款通知发送给朋友。

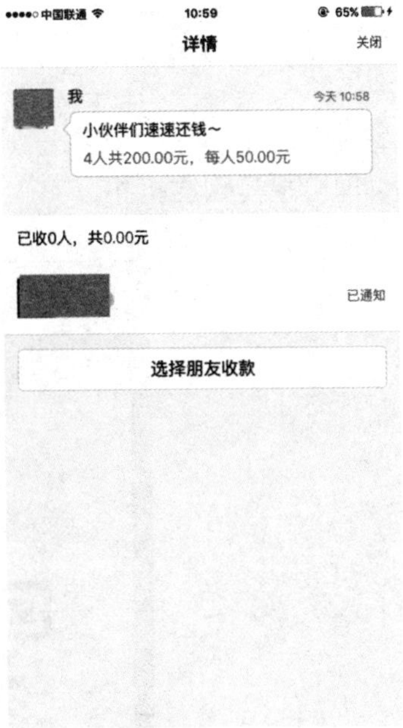

每个账户每日可以发起10次AA收款，每次最多向50个人收款，可向每人最高收款2000元。

你的账户在当前界面实时更新并显示对应收款人的已付款状态。如果被收款对象均完成付款，系统自动提醒你，两秒钟后退出客户端首页。你也可以自行退出AA收款页面，返回“支付宝钱包”首页，进入“账单”页面查询交易细节。

1.9 使用卡券，随时享受购物折扣

你可以将各种各样的卡券，如电影券、团购券、优惠券等加入到“支付宝钱包”中，方便你随时随地管理与使用。

使用卡券的操作步骤如下所述。

第一步：打开“支付宝钱包”，在首页界面，点击上方的“卡券”按钮。

第二步：在“卡券”界面，选择你购买商品的卡券，点击进去。

第三步：查看卡券详情，点击“去买单”按钮。让商家扫描付款二维码，即可享受购物折扣。

1.10 支付宝的六大支付方式

本节将介绍支付宝的六个主要支付方式及其操作方法。

■ 快捷支付

快捷支付是支付宝联合各大银行推出的一种网上支付方式。用户无需登录网上银行，只需直接输入卡面信息及身份信息，通过验证银行预留的手机接收校验码即可完成签约或支付，是一种便捷、快速、安全的付款方式。

支付宝快捷支付主要有以下四个特点。

开通快捷支付的具体操作步骤如下所述。

在支付宝首页，找到“账户通”，点击进入其界面。在“我的银行卡”处，点击“添加银行卡”按钮。

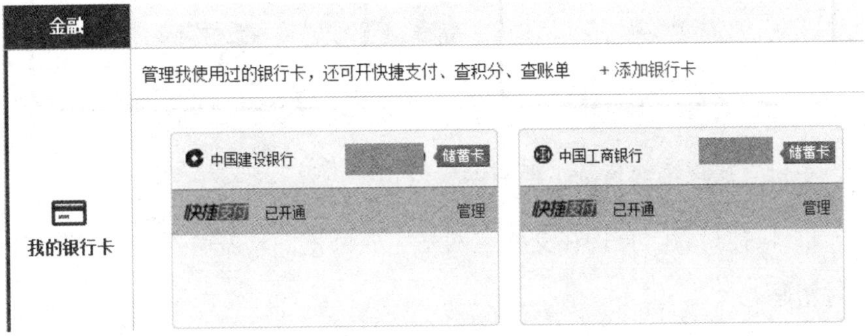

输入银行卡卡号、手机号码，点击“同意协议并确定”按钮。输入手机短信收到的验证码，点击“确认”按钮，即可开通快捷支付。

■ 支付宝账户余额付款

支付宝账户是一个虚拟的电子钱包，可以进行充值、转账、消费等。账户内金额即为“支付宝账户余额”。

支付宝账户余额分为可用余额和不可用余额两种类型。可用余额是指支付宝账户中可随时用于消费、转账的金额。不可用余额是指暂时不可以使用的余额。

当支付宝账户中有可用余额时，你只需要输入支付密码即可完成付款。具体操作流程如下所示。

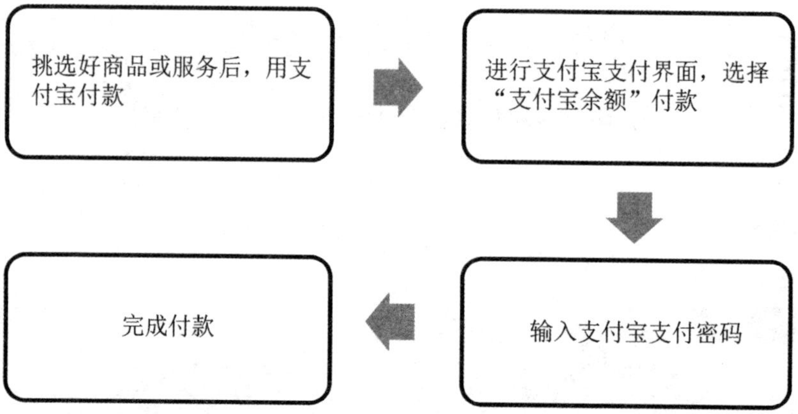

支付宝账户余额付款主要有两大特点:

1. 快捷付款。直接在支付宝网站完成付款，只需输入支付宝账户的支付密码。

2. 无支付限额。支持大额商品购买，可以先多次充值后再付款。

■ 手机充值支付

通过支付宝，能方便快捷地使用支付宝账户完成自己或他人的手机充值，无须外出排队缴费。其操作方法如下所述。

在支付宝首页的最下方，找到“手机充值”按钮，点击进入。进入“手机充值”界面，输入要充值的手机号码、充值金额，点击“立即充值”按钮。

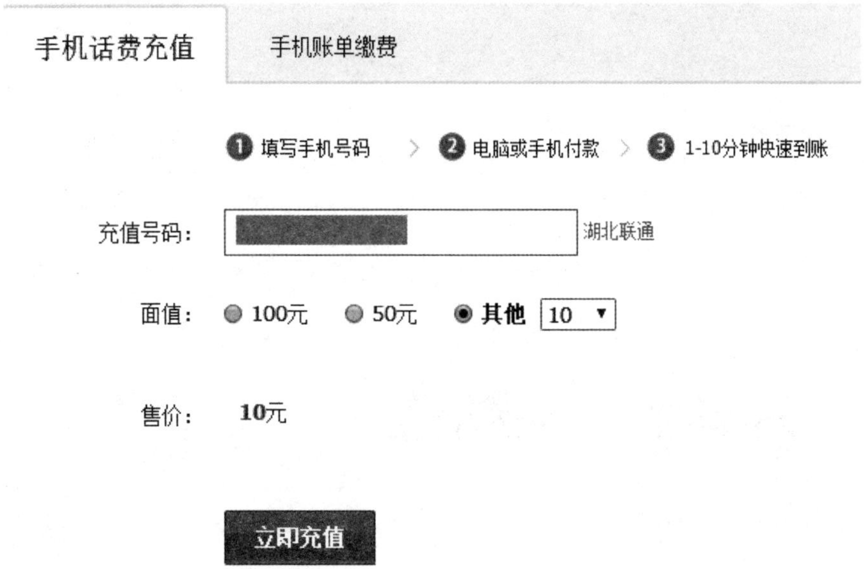

在弹出支付宝对话框中，选择付款方式，输入支付宝支付密码。点击“确认付款”按钮，即可完成手机充值支付。

充值成功后，话费一般在10分钟内即可到账。

■ 生活缴费支付

用支付宝进行生活缴费的操作方法如下所述。

在支付宝首页的最下方，找到“水电煤缴费”按钮，点击进入。在“生活便民”列表下，你可以看到缴纳电费、水费、燃气费、固话宽带以及有线电视等服务项目。根据你要缴纳的费用项目，点击相应的按钮。

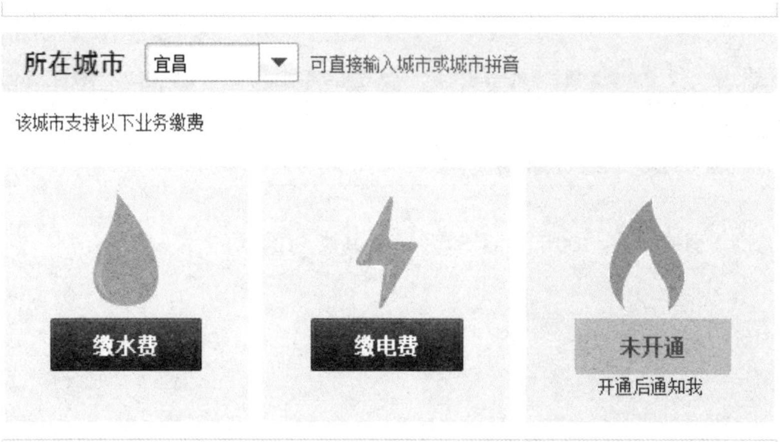

例如，点击“缴电费”按钮，进入缴费界面，你需在其界面填写缴费单位、客户编号，然后点击“查询”按钮。会出现你所要缴纳费用的详情，包括户名、地址、余额或欠费，输入缴费金额，点击“去缴费”按钮。

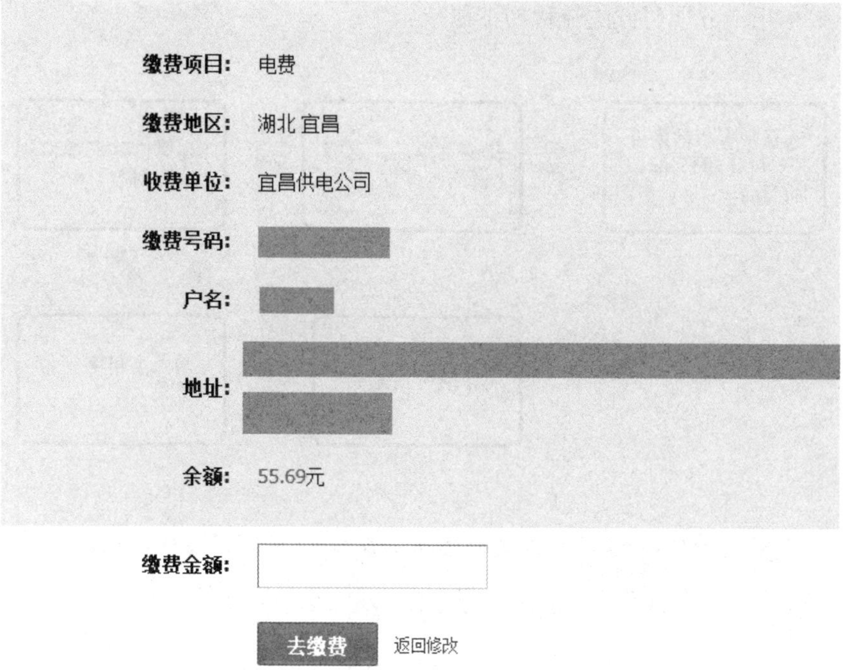

在出现的页面上，点击“继续电脑付款”按钮（你也可以用手机进行支付）。选择付款方式，输入支付宝支付密码，点击“确认付款”按钮，缴纳电费成功。

一个支付宝账户最多可以创建5个家庭分组。在每个家庭分组中，可以添加20个同类型的不同缴费户号。

■ 信用卡分期付款

信用卡分期付款是支付宝为用户在淘宝或其他支付宝合作商家购物时，使用信用卡付款时提供的分期付款渠道。目前采用的是信用卡快捷支付方式。

信用卡分期付款的流程如下所示。

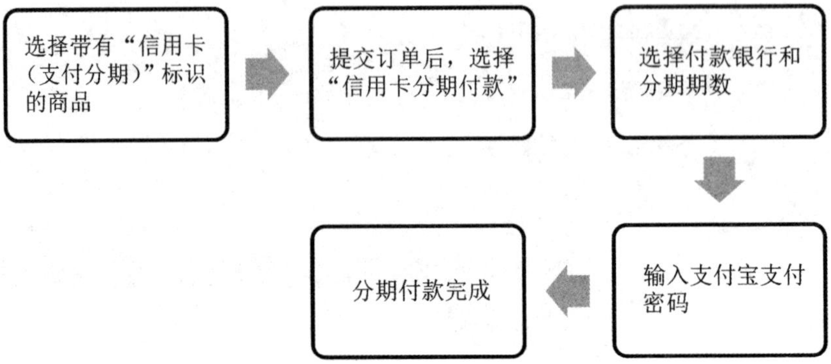

你可以选择将购买的商品和运费的总价分成3期、6期、12期等若干期数，并使用信用卡快捷支付一次性完成扣款。

付款完成后，即可根据信用卡账单和所选择的期数按时偿还每期款项。

信用卡分期付款通常受条件限制。例如，实物类商品且交易金额在600元及600元以上的才可使用信用卡分期付款服务。

■ 找人代付

当你的支付宝余额不足，网银余额也不足了，这个时候是不是就买不了东西了呢？答案是否定的，你可以利用淘宝网的“找人代付”功能，只要知道对方的支付账号，即可让对方帮你支付货款。

淘宝网的“找人代付”业务支持以下三种支付方式。

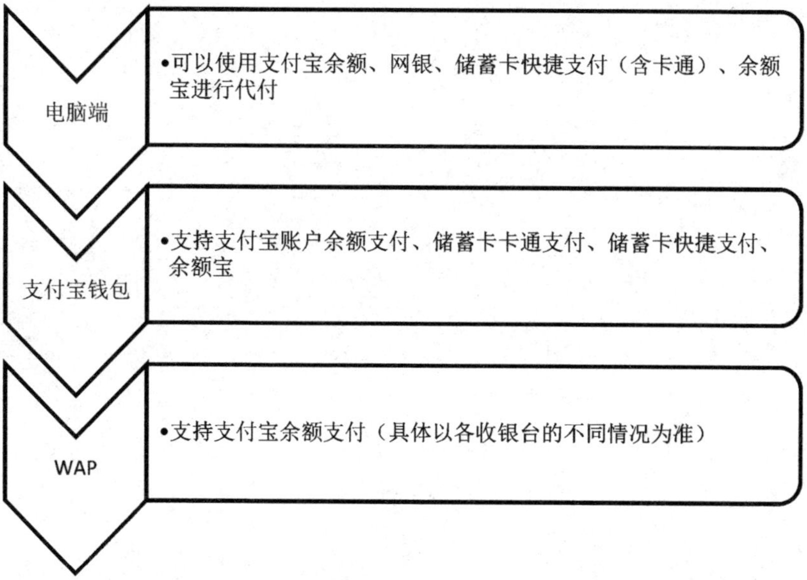

找人代付的方法如下所述。

在淘宝上挑选好商品或服务后，提交订单。在后面的付款选项处，点击“找人代付”按钮。

输入好友的账户，点击“请他付款”按钮，即可完成代付申请。

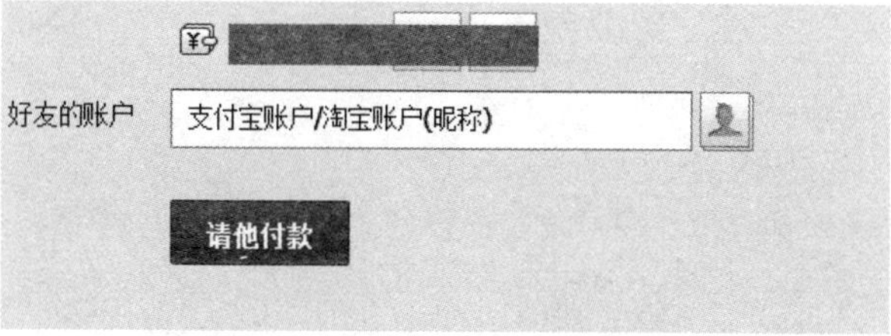

本章精彩导读

第 2 章　记账本，合理安排消费开支

如何有效地控制自己的开支？如何清楚地知道自己的资产情况？如何快速地对自己的收入和支出进行有效的分析？支付宝“记账本”可以帮你一一解决这些问题。

2.1 记账，通向财富之门

“我这个月没买什么，怎么就没钱了呢？”

“我每个月的收入也还可以，怎么就成月光族了？”

“这个月没有什么大额支出，钱怎么又不够花了？”

……

现实生活中，很多人都会发出这样的感叹，特别是年轻人。而这些人大多没有记账的习惯。一到缺钱时，就开始回想自己的支出情况，但通常是想不起钱花在哪里了。

个人理财的最大的目的就是为了实现财务自由，可现实的情况却是很多人对资金流向都无法做到心中有数。对于每一个人，特别是进入社会不久的年轻人而言，资本的原始积累很重要，只有有了积蓄，投资理财才有“原始资本”。

记账能让你清楚自己的收支情况。每个月有多少收入、花费了多少、存下多少，看一看自己记的账目，便可一清二楚。

当你开始记账，你会情不自禁地计算今天花了多少钱，明天还要花多少钱。下面我们来看看杨女士的记账案例。

杨女士是一家外企的主管，职场上的顺风顺水，让她比较自信的同时也很自大。她知道公司一些同事有记账的习惯，但她对此不屑一顾，她认为自己收入高，所以没有记账的必要。

几年过去了，身边那些记账的同事都实现了自己的财务目标。可是她基本没攒下钱，也不知道这些年自己的钱都花到哪儿了。

于是，她开始了记账。坚持记了半年的账后，她对家庭财务情况有了全面的认知。而在记账之前，她对自家的财务状况知之甚少。

根据家庭的消费情况和收入情况，她做出相应的调整。时间一久，杨女士发现自己家的总资产承受风险的能力在稳步增加，总负债在逐渐减少，金融资产净值逐步由负数向正数转变。

坚持记账一年后，杨女士发现：记账可以改善家庭生活品质，促进家庭财务收支平衡，实现财务收支自由的目标。

记账并不是一件小事，相反是件很重要的事，能为个人分析财务状况提供数据，有了这些数据才能合理安排家庭的账务计划。每个月的收支数据都是家庭理财中的最佳分析对象。记账最直接的作用就是为你的各项支出作出更加合理的预算，让你尽早拥有可以让“钱生钱”的资本。

具体来说，记账对于理财有四个作用。

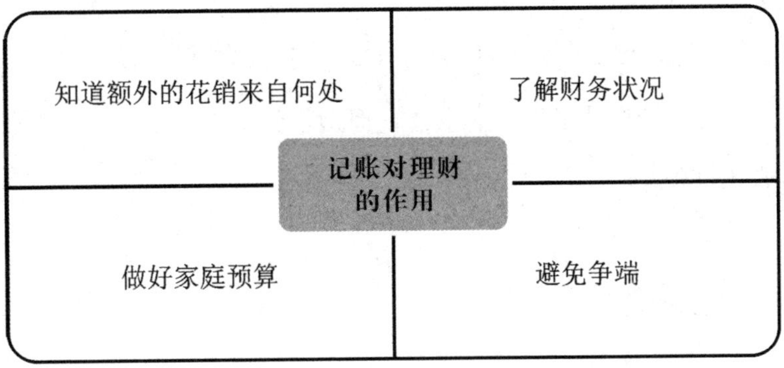

■ 知道额外的花销来自何处

记账理财可以将钱花在刀刃上，减少不必要的浪费。

生活中，你是不是遇到过这样的情况：你去商场买了一些生活用品回来，却发现家里其实有这些东西。于是，你会无比地懊悔。

记账可以罗列出你的消费记录。通过记账，就可以反映出是否有购买东西的必要。这样才能改变不好的消费习惯，如开销无度、大手大脚等。

■ 了解财务状况

记账是了解自己财务状况的好办法。记录自己的每一笔收入和支出，并在每个月月底做一次汇总，假以时日，就对自己的财务状况了如指掌了。

根据记账数据还能分析自己的支出情况，了解哪些支出是必需的，哪些支出是可有可无的，从而更合理地安排支出。花钱如流水的人如果能够学会记账，相信在每个月月底，也就不会成为“月光族”了。

记账看似是一件很简单的事情，但操作起来却并不容易，特别是坚持记录每一笔收支。

■ 做好家庭预算

记账可以更合理地安排家庭预算。在对收支情况进行分析后，要列出一个合理的支出预算。

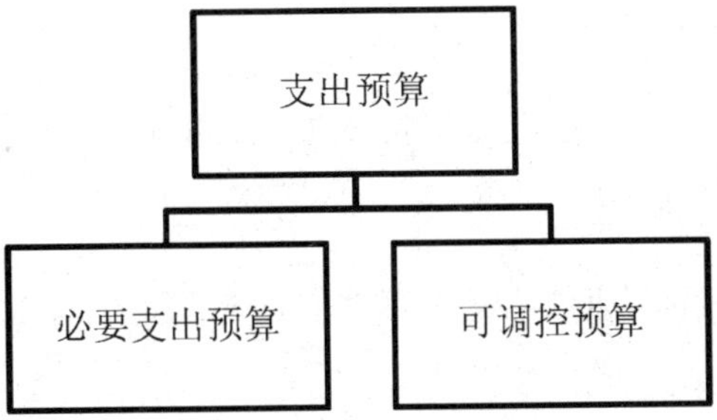

支出预算通常包括必要支出预算和可调控预算两种。

必要支出预算包括房租（或房贷）、公用事业费用等必须支出的费用，这些费用属于固定支出预算；可调控预算包括每月的家用、交际、交通等可以控制的费用，这些费用的支出可以进行合理的筹划，使每月可用于投资的余钱稳定在同一水平，这样才能快捷高效地实现理财目标。比如，对支出做出合理的筹划后，月末你可以拿出一定比例的资金用来进行投资或者是预留投资款项。

分析自己的账目收支，了解哪些支出是必需的，哪些支出是可有可无的，从而更合理地安排支出。

养成良好的记账习惯是个痛苦的过程，但这习惯却可以让你受益一辈子。

■ 避免争端

记账的时候，可在每一笔花费后面附上票据，让每笔支出都有凭据，有时还能避免一些误会。比如，某社区物业费是人工收取，当又有人前来收取上月的物业费时，你说上月的物业费已经缴纳了。但口说无凭，这时你可以打开记账本，把流水账和附在后面的发票一起拿给收账员看。这样就能避免无谓的争端。

理财从记账开始，把记账坚持下去，靠的是一个人超强的意志力，只有坚持到底才能胜利。

记账虽然琐碎，却对理财大有裨益，它能帮你每个月省下不少的开销，帮助你更好地理财。

记账不容等待，从现在开始记账吧。

2.2 你真的会记账吗

如今，人们的财富积累越来越多，理财产品也如百花齐放，人们的理财观念变了，学习理财成为一种新时尚，但依然有不少人不清楚如何理财。那么，对于那些不懂如何理财的人来说，如何迈出理财的第一步呢？

迈出理财的第一步，就要了解自己的财务状况，而记账对了解财务状况很有帮助。

那么，怎样才能远离流水账，科学地记账呢？这里有几个小窍门。

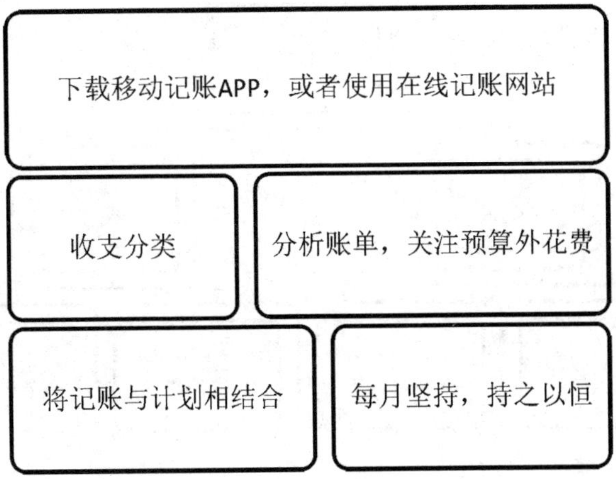

■ 下载移动记账APP，或者使用在线记账网站

移动互联网时代，出现了不少生活服务类手机APP，其中的理财、记账类APP可随时随地记录自己的消费情况。而且，现在消费大多使用刷卡结算方式，大大减少了现金的使用，只要把记账软件和自己的储蓄卡、信用卡等绑定，每次消费就会自动生成消费记录。

本章后面将详细讲述如何用支付宝APP记账。

■ 收支分类

记账新手要学会把收支分类整理好，这样才方便记账。分类的方法因人而异，根据自己的习惯，只要方便记账就行了。

通常，收支有以下几种类型。

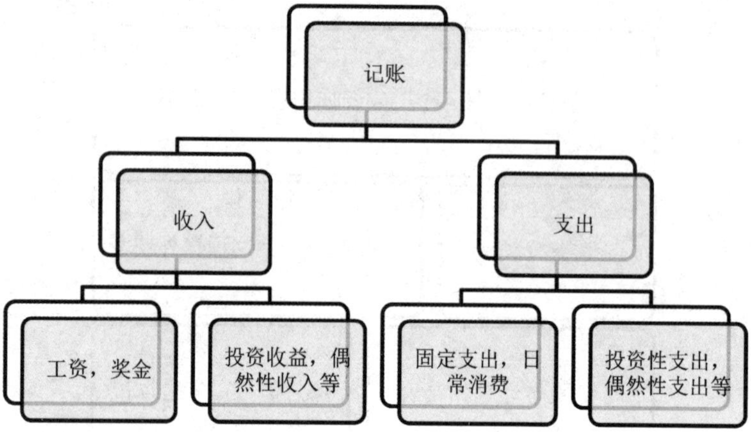

■ 将记账与计划相结合

如果你想进行理财，那么可以将自己的收入进行合理分配。比如燕燕每个月工资4500元，每月房租800元，日常生活费1500元，活动资金200元，除去这些资金还剩2000元，燕燕准备把这些钱存起来，等存到一定额度了拿去买基金。

虽然每个月的情况并不像计划中那么绝对，但是燕燕每个月都合理分配自己的收入，对自己的消费情况非常了解，这样就能避免出现糊涂账。

■ 分析账单，关注预算外花费

记账并不只是单纯地记录，而是了解自己的收支状况，进行合理的消费和投资。

每月的账单出来后，我们不但要关注“花了多少”，更要关注“花在哪了”。如果花费在每月的预算之内，则属于合理的开支。如果存在预算之外的可有可无的支出记录，则要警惕了。

■ 每月坚持，持之以恒

冰冻三尺，非一日之寒。一件事情只要坚持做下去，就可以养成习惯。记账也是如此。如果采用手工记账的形式，那么保持两三天整理一次的频率就行了。

现在也有很多记账APP，比如支付宝记账本，这款记账工具主打自动记账功能，只要绑定自己的银行卡，每一笔花销都会自动记入账本里。用户就不需要苦苦去想今天买了什么东西，花了多少钱，有时候还会记错，支付宝记账本避免了这些问题的出现，为用户提供了方便。

2.3 什么是支付宝记账本

记账是一种良好的理财习惯。通过记录每一笔账，可以不断地改进、调整日常消费习惯，及时纠正自己不合理的消费习惯，避免不必要的浪费。

随着移动网络和智能手机的发展，不少程序开发者开始将手机记账作为研发方向。支付宝记账本就是在这样的背景中应运而生。

如今，如果你想记账，只需拿出手机点开支付宝记账本，你就可以将每天的每一笔支出都一一入账，掌握自己的开销明细。

支付宝记账本是目前最方便的记账应用之一，并且可将你在手机上所记的账本上传至网站永久保存。具体来说，支付宝记账本有五大作用。

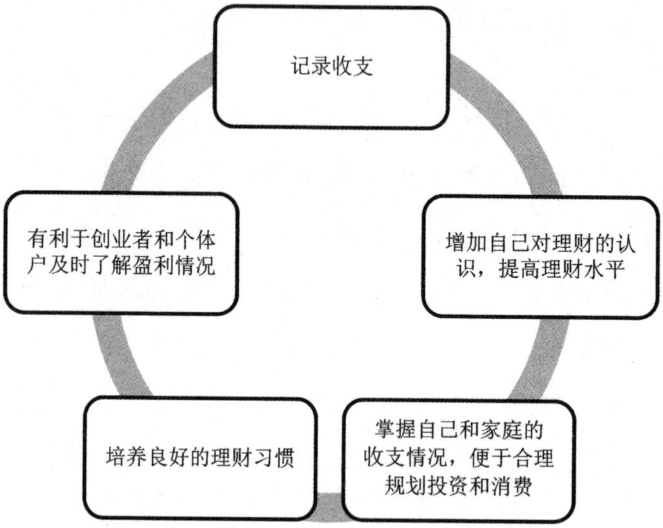

那么，如何打开支付宝记账本呢?

打开你的手机支付宝钱包，点击“全部”按钮，在“便民生活”里找到“记账本”，点击进入“记账本”界面。

2.4 如何添加银行卡

由于记录收入、支出的时候可记录银行卡的消费数据，为了更好地了解自己的财务状况，你最好将自己的银行卡信息先行添加至资料中。特别是银行卡较多的用户，使用支付宝记账本记录银行卡的收支更为方便。

添加银行卡的具体步骤如下。

第一步：在“记账本”的界面点击“👤”按钮，进入“资产管理”界面。打开“账户资产”，点击下方的“+添加”按钮。

第二步：进入“添加银行卡”界面。输入持卡人姓名、卡号，点击“下一步”按钮。

第三步：在“填写银行卡信息”界面中，选择发卡行，输入手机号，点击“下一步”按钮。填写手机收到的短信验证码，点击“下一步”按钮。

添加银行卡后，你可在“资产管理”里，点击对应账户进行“卡内余额”修改，让各个账户里的资金情况与实际相符。

2.5 如何记录支出

用支付宝记账本记录支出的操作方法如下所述。

在“记账本”界面的下方点击“+记一笔”按钮，进入“支出”界面。选择支出时间、支出账户和支出用途，输入支出金额，点击“确定”按钮。

记录完毕，返回“记账本”主界面，即可看到该项支出记录。

2.6 如何记录收入

记录收入与记录支出的方法相似。具体操作方法如下所述。

在“记账本”界面的下方点击“+记一笔”按钮，进入“支出”界面。在“支出”按钮的倒三角那里，选择“收入”。选择收入时间、收入账户和收入来源，输入收入金额，点击“确定”按钮。

记录完毕，返回“记账本”主界面，即可看到该项收入记录。

2.7　如何对账、查账

如果只是记录支出与收入，却不对账、查账，那与不记账没有什么区别。你至少应该每月进行一次对账、查账工作。

支付宝记账本对账、查账的操作方法如下所述。

打开支付宝“记账本”，在“记账本”的主界面，即可对账、查账。在“记账本”主界面的上方，可查看本月度的支出和收入。

在“明细”界面，即可查看收支明细。点击任意记录，即可查看详情。

在“类别报表”界面，即可查看支出报表：包括总支出、消费排行榜、结余、相比上月支出百分比等。

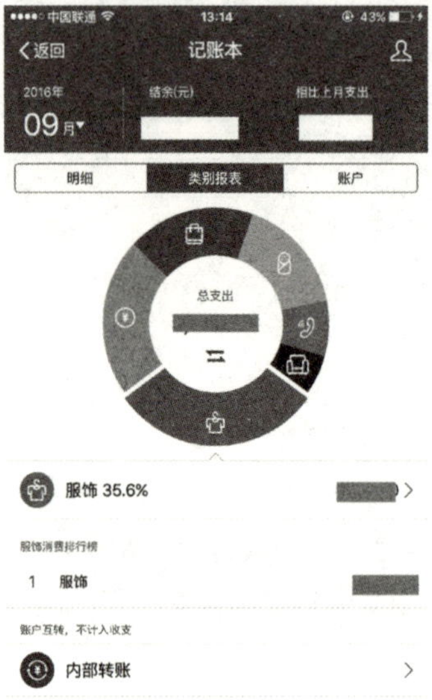

在“账户”界面，可以查看账户的详情。

你可以通过对账、查账，了解自己的资金收支情况与记录是否一致。若有出入，可尽早发现问题所在。

2.8 支付宝记账的方法

理财需要花时间，并且涉及方方面面，并非只是为了赚钱。刚步入社会的年轻人并没有太多的资本，该如何理财呢？其实，记账也是一种理财。

良好的开端是成功的一半，年轻人理财不如从记账开始。慢慢了解自己的消费能力、消费习惯，做到不该花的钱不花，培养自己的理财意识。

支付宝记账本记账的方法有很多，以下为几种常用的记账方法，你可以根据自身情况进行选择。

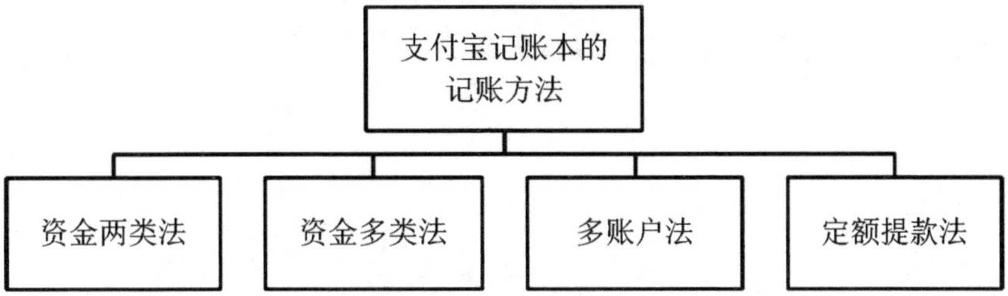

■ 资金两类法

把自己的资金分配为两类，即消费资金和储蓄资金。

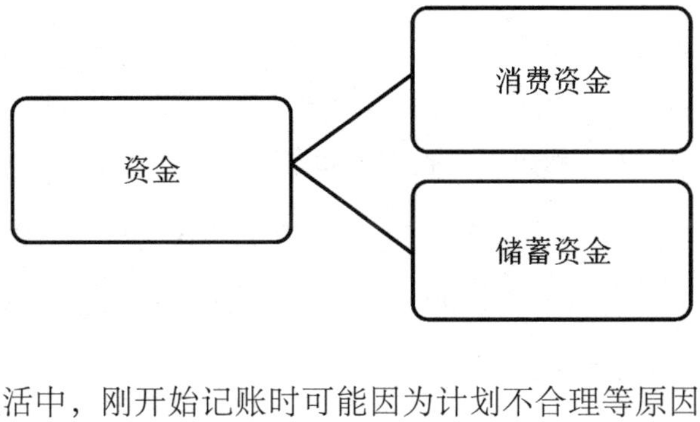

日常生活中，刚开始记账时可能因为计划不合理等原因，会经常动用储蓄资金。但要逐渐延长消费资金的可使用时间，直至各类资金都可以合理使用。这样储蓄资金就能快速积累。

■ 资金多类法

资金多类法是一种更加细致的记账方法，其实就是把消费项目细化，比如娱乐、旅游、交通、话费、买衣服、房租等等。假如其中一项超支了，就从其他项中匀出来，但是总消费额不变。

比如，小菲这个月新买了一件大衣花了600多元，为了维持消费额不变，那她这个月则要少参加几次朋友聚会。

■ 多账户法

多账户法是一种比较专业的记账方法。这种方法就是把自己的账户按照用处分类，比如活期账户、定期存款账户、房屋贷款代扣账户、股票基金理财账户等，这样管理起来比较方便。

■ 定额提款法

如果自己实在不擅长记账，就必须要控制自己的支出。每月给自己规定一个消费额度，将剩下的收入存起来。

举个例子，阿伟平时工作非常忙，没有空闲时间记账。他每个月工资6000元左右，每月拿出2000元作为生活费，超出额度控制在300元以内，剩下的工资全部存起来。一年下来，他积攒了不少钱。

本章精彩导读

什么是蚂蚁聚宝
如何登录蚂蚁聚宝
如何进行定期理财
如何进行基金理财
基金的认购、申购、赎回
如何买卖基金
投资基金的技巧
投资基金的风险防范
如何查询股票行情

第 3 章　蚂蚁聚宝，手机一站式投资理财

蚂蚁聚宝，是蚂蚁金服旗下的智慧理财平台，致力于“让理财更简单”，与支付宝、余额宝、招财宝等同为蚂蚁金服旗下的业务板块。在蚂蚁聚宝，你可以购买余额宝、招财宝、基金，每日收益一目了然，具有门槛低、操作简单的特点，同时用户还可以从该平台获得市场行情、财经资讯等服务。

3.1 什么是蚂蚁聚宝

蚂蚁聚宝于2015年8月上线，是“支付宝”的兄弟APP。只要你拥有支付宝账号，就可以直接登录该APP开启理财之旅。同时，余额宝、存金宝等理财产品也可以在蚂蚁聚宝上进行操作。蚂蚁聚宝不仅操作容易上手、投资门槛低，而且用户还可以从中获得财经资讯、市场行情等服务。

据蚂蚁金服官方介绍，支付宝和蚂蚁聚宝分别承担“付钱”和“赚钱”两个功能大项。蚂蚁聚宝希望通过“简单理财”的理念，为用户提供多种理财类型的一站式理财。

蚂蚁聚宝让理财变得更立体、更亲民，让每个人都能体会到理财的乐趣，成为理财高手，其具有以下四大功能。

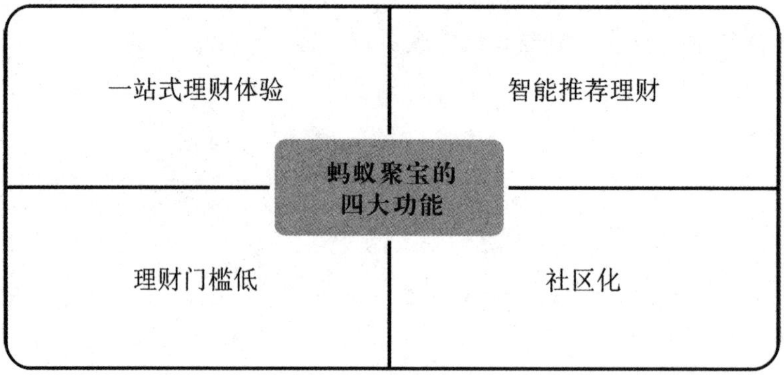

■ 一站式理财体验

蚂蚁聚宝就像一个大型理财产品超市，理财产品非常丰富，只要用户登录，就可以开启一站式的理财。

阿里巴巴小微金融总经理袁雷鸣曾这样介绍蚂蚁聚宝："通常，用户的理财需求有两种：稳健型和风险型，前者又分为活期型和定期型。余额宝主要适应活期理财需求，兼具理财和消费功能；蚂蚁聚宝适合定期理财，目前与120多家金融机构合作，为用户提供稳健的定期理财产品。此前大量产品以PC端销售为主，累计成交额接近2600亿元，现在用户通过手机端就可以轻松购买蚂蚁聚宝上的理财产品了。"

基金的收益较高，但风险也大，适合风险承受力较高的用户。蚂蚁聚宝和数米基金网合作中，首批引入的基金数量已超过900只，覆盖了所有主流基金公司，可见基金在蚂蚁聚宝中的占比之大。

如今，金融政策越来越开放，蚂蚁聚宝已与香港的基金公司开展合作。蚂蚁聚宝上的基金品种将涵盖香港、美国甚至亚太地区的股市，中国的投资者也能投资全球资本市场，与全世界的投资者一起分担风险，共享收益。

■ 智能推荐理财

对理财产品知之甚少？没关系！蚂蚁聚宝具有智能推荐理财产品的功能。每个人对投资的要求不一样，有的人喜欢风险大、收益高的，但有些人喜欢稳健的。蚂蚁聚宝可评估用户的风险偏好，针对每个用户的具体情况，为其推荐适合的理财产品。

■ 理财门槛低

蚂蚁聚宝的投资门槛低，余额宝1元就可理财，招财宝100元起投。这样低的起投金额，大大降低了理财的门槛。并且，基金赎回时，第一天申请，第二天钱就可以到账，而业内平均到账时间至少是三天。在到账效率方面，蚂蚁聚宝走在了行业的前列。

■ 社区化

那么，“社区化”又是什么呢?

我们通常说的“社区”指一个有很多人居住的地方，蚂蚁聚宝的“社区”就是有很多理财者、投资者“居住”的地方。蚂蚁聚宝为用户提供股票咨询、理财公告、K线图等讯息，用户可以在下面评论，与其他用户进行交流，就好像一个社区的邻居，见面聊聊家常。

央视第一财经、纳斯达克交易所这些“业内大佬”都和蚂蚁聚宝合作，为用户提供包括A股、港股、美股在内的权威资讯。

未来，蚂蚁聚宝还会让一些金融大咖、理财达人等加入社区，为用户提供理财教育，帮助用户进行合理投资。用户可以在论坛中分享自己的理财经验，还可以获得理财专家的指导。

现在，蚂蚁聚宝已经从支付宝分离出来，成立一个独立的平台，蚂蚁金服志在互联网理财领域做大做强。然而，从目前的市场状况来看，并不是蚂蚁金服一家独大，平安旗下的“陆金所”也是一个相当有竞争力的平台。竞争才刚刚拉开帷幕，蚂蚁聚宝能否笑到最后还未可知。

3.2 如何登录蚂蚁聚宝

登录蚂蚁聚宝有两种方法，其具体操作步骤如下所述。

方法1：在手机APP应用商店输入“蚂蚁聚宝”，找到“蚂蚁聚宝”APP，下载到手机上。

打开“蚂蚁聚宝”APP，点击“使用支付宝账号登录”按钮。系统自动跳转至支付宝登录，点击“立即登录”按钮，即可登录蚂蚁聚宝。也可以点击“密码登录”，输入账号及密码，即可登录蚂蚁聚宝。

方法2：打开支付宝，在应用里找到“蚂蚁聚宝”，打开即可。

蚂蚁聚宝里目前提供四类理财产品：余额宝、定期、基金和存金宝。下面我们一一讲解定期、基金和存金宝这三类理财产品，在第4章中我们会重点讲解余额宝理财。

3.3 如何进行定期理财

在股市和债市都低迷的情况下，定期理财成为不少人选择的理财方式。蚂蚁聚宝定期理财保本吗？对于低风险的投资者来说，这个问题很重要。究竟蚂蚁聚宝旗下的定期理财如何，让我们一起来了解一下吧。

蚂蚁聚宝中的定期理财借款产品相对余额宝来说，收益更高；相对股票或基金来说，更稳健，适合新手入门、懒人理财。你可以通过以下两种方式选择不同期限的高收益定期理财产品。

勤快型：主动选择适合的债券、保险等理财产品。

懒人型：选择预约，设定期限和收益率，坐等成交。

蚂蚁聚宝定期理财有三大特点。

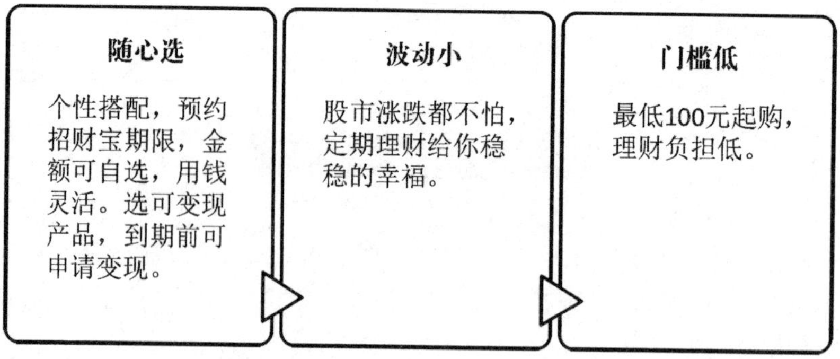

■ 购买定期理财的操作步骤

购买蚂蚁聚宝定期理财的具体操作步骤如下所述。

第一步：在“蚂蚁聚宝”的首页，点击“定期”按钮。进入“定期理财”界面。

第二步：查看各个定期理财产品，选择你要购买的理财产品，点击进入。查看产品介绍，包括产品期限、年化收益率、产品介绍、产品合同、风险提示等。查看完毕，点击“预约购买”按钮。

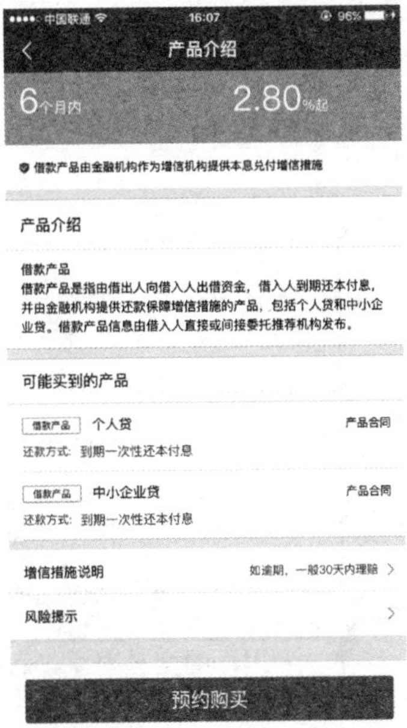

第三步：输入预约金额，点击“确认下单”。输入支付宝支付密码，预约购买定期理财产品成功。

需要注意的是，预约购买成交后，资金将自动从余额宝中转出，不可撤销。

■ 定期理财的收益与风险

不同产品的收益计算方式不同，一般定期理财产品收益的计算公式为：

持有资金×年化收益率×持有天数/365=约定年化收益率的产品到期应得收益

保险、保本基金、分级债等其他理财产品，其收益以金融机构的公布为准。

蚂蚁聚宝定期理财虽然收益高、风险低，但并非毫无风险，投资者在购买之前应全面了解，主要有以下三种风险。

成交风险	• 你所提交的投融资交易可能无法最终达成，你由此无法获得收益或融资
预期收益风险	• 你所投资的交易因特定原因无法实现预期收益，你由此无法获得更多收益
违约风险	• 因你的交易对手，包括但不限于募资人、推荐机构、征信机构等无力或无意愿按时足额履约，你由此可能遭受损失

由此可见，虽然蚂蚁聚宝定期理财属于低风险投资，但也要注意投资风险，谨慎而为。

3.4 如何进行基金理财

在蚂蚁聚宝买卖基金之前，先来普及一下基金知识。

基金，就是将投资者零散的资金汇集起来，由专业机构进行投资运作，并以科学的投资组合降低风险、提高收益的一种投资方式。

根据投资对象的不同，基金产品可分为股票型基金、债券型基金、混合型基金、货币型基金、保本型基金五种，按其收益和风险由低到高进行排列，其顺序如下图所示。

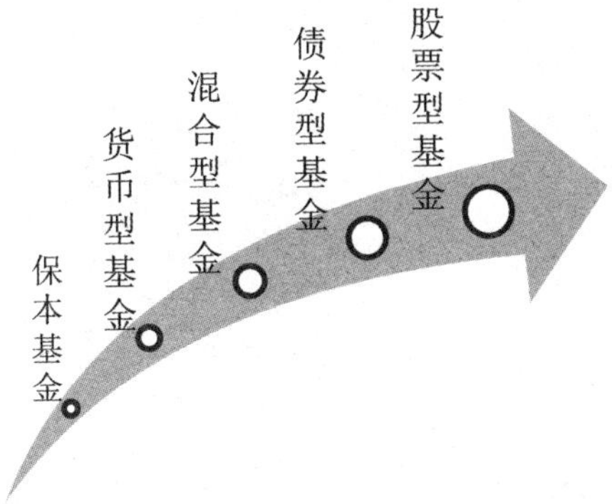

■ 股票型基金

股票型基金主要是以投资上市或上柜的股票为主。由于市场中各类股票的性质不同，所以又可以分为积极成长型、成长型、成长收益型等基金。

例如，“积极成长型基金”的投资目标在于追求本金最大的增长，因此股利和利息的收入不是投资的重点；但“成长收益型基金”则因为要兼顾本金成长和年度的配息，因此会选择配股/配息比较高的股票来投资。

基金所属的类别在基金公开说明书上都有详细的说明，投资前应该仔细阅读。

■ 债券型基金

债券型基金，顾名思义是以投资各种类型债券为主的基金。由于投资的地区和投资债券的信用高低不同，因此也有风险大小之分；再加上债券价格对利率的涨跌极为敏感，因此选择债券型基金时除了要注意基金所投资债券的信用评级之外，也要注意市场利率的变化。

■ 混合型基金

混合型基金的投资范围包括股票和债券两种，目标是希望兼顾本金的成长和固定的配息，因此风险和报酬也基本介于股票型与债券型基金之间。

■ 货币型基金

货币型基金所投资的标的都是不超过一年的短期票券或银行定存，虽然收益较低，但风险相对也最低。因此多被投资人利用来作为短期资金停泊的去处，有点像银行的活期存款，可以随存随取。

■ 保本基金

保本基金，顾名思义，就是能够保证本金的基金。通过采用投资组合的保险技术，从而保证投资者在投资到期时至少能够获得投资资本金的一种基金。

保本基金在保本期内一般不接受申购，可以申购的部分资金也将不享受保本承诺，但可以赎回，因此保本基金也被称为“半封闭式基金”。

保本基金只对到期投资提供保本，也就是说，如果不到保本期投资者将基金赎回，则不享受保本。因此，保本基金主要适合中长期的稳健投资者。

以上从基金分类的角度，简要介绍了市场上交易的各类基金品种。这样，你就会对我国的基金市场有一个基本的认识。

3.5 基金的认购、申购与赎回

在蚂蚁聚宝购买基金时，经常会遇到三个专业术语：认购、申购和赎回，它们是什么意思呢？

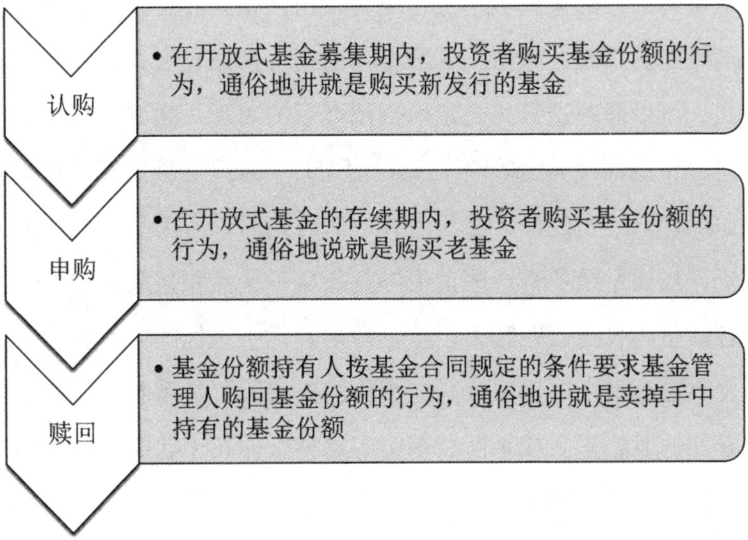

例如，邓伦手头有一笔闲钱想进行理财，这时正好蚂蚁聚宝有一只新基金发行，她便把手中的定期存款办理提前支取，认购了这只新基金。

几个月后，这只基金出了封闭期，刚开始基金净值还比较稳定，价格一直在1.03元左右。可惜好景不长，没到一个月，基金净值就“跳水”到了0.95元。邓伦忍痛“割肉”，赎回基金，这一买一卖可亏了不少钱。

通过邓伦的例子，我们知道，投资新基金时，必须对所认购的基金进行深入的了解，包括基金的预期投资构成、基金公司的信誉、基金经理资历等等。如果你认为这只基金是有潜力的，这时可以大胆采用认购方式。

另外，同样一只基金，认购和申购的费率是不一样的，基金公司为了追求首发量，规定的认购费率一般低于申购费率。比如认购5万元某基金的费率为1%，申购费率则为1.8%，二者相差0.8个百分点。

申购就是基金出了封闭期之后再购买。现在有越来越多的人比较青睐以申购的方式来购买基金，因为采用认购方式，万一对基金把握不准，很可能会踩着“地雷”，给自己的投资造成较大损失。而采用申购的方式，可以静观这只基金走出封闭期后的表现。如果基金净值出现下跌，连1元的基本净值都保不住，这时可以采取观望或选择其他更好的基金；如果这只基金的净值稳步上升，这时则可以考虑采用申购的方式进行投资，虽然手续费贵一些，但毕竟能尽量避免和化解投资风险。而且由于各基金的收益差距较大，综合衡量、优中选优的申购会更有利于提高投资收益。也可以先用认购或申购的方式购买货币基金，然后再转换成你看好的股票基金或平衡型基金。这样，你花了认购的钱，却达到了申购基金的理财效果。

3.6 如何买卖基金

具体来说，用蚂蚁聚宝购买基金有以下好处：

- 蚂蚁聚宝首批接入的基金数量超过900只，基金产品种类繁多
- 用户使用支付宝账号即可登录该平台，买权益类基金可以用该用户名完成
  对于持有的资产、收益率、收益等详情，用户可以直接查询，买入和卖出等交易操作也能在手机端一站完成
- 快速赎回

■ 手续费和赎回

对于投资者来说，基金理财最关心的问题就是手续费的高低和赎回时间的长短。

通过蚂蚁聚宝购买基金是没有手续费的，赎回费率视不同的基金和持有时间而定。赎回到账时间只需要1天，而业内通常需要3天的到账时间，到账时间至少缩短了两天，这给投资者提供了很多便利。

另外，对于使用余额宝理财的用户，可以使用余额宝里的资金进行买卖，减少了将余额宝的资金转到银行或其他基金平台的步骤。

■ 基金交易确认时间

蚂蚁聚宝APP上开放基金的买入是以当天交易日净值成交，在下一个交易日24：00前更新份额确认结果。交易日15：00点前计入当天交易日，15：00后则计入下个交易日。

交易操作时间	交易确认时间
周一15：00~周二15：00	周三
周二15：00~周三15：00	周四
周三15：00~周四15：00	周五
周四15：00~周五15：00	下周一
上周五15：00~周一15：00	周二

（双休日及国家法定假期为非交易日，基金公司不进行份额确认）

■ 如何查询基金行情

查询基金行情的操作步骤如下所述。

第一步：在“蚂蚁聚宝”首页点击“市场”按钮，在“市场”界面点击“基金”按钮。

第二步：进入“基金”界面，即可查看相关行情。你可以点击“业绩排行”查看按单位净值排行的最近几种基金的日涨幅行情；点击“估值排行”查看按估算净值排行的基金估算涨幅行情；点击“评级排行”查看按晨星评级排行的基金行情。

也可点击“近一月”查看近一个月的基金行情；或者点击“投资热点”查看近一年最高涨幅的基金。

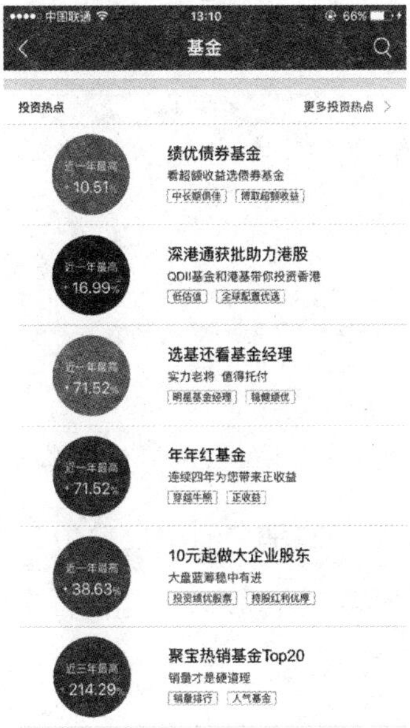

■ 购买基金的操作方法

购买基金的操作步骤如下所述。

第一步：在“蚂蚁聚宝”首页点击“基金”按钮，进入“基金”界面。点击左下方的“买入”按钮。

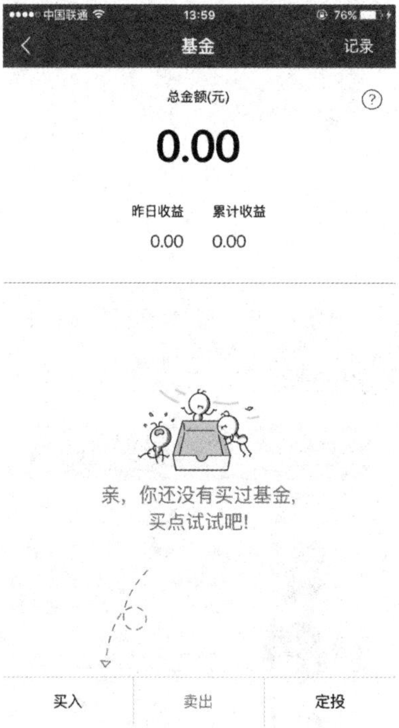

第二步：在“基金买入”界面，选择你要购买的基金。

第三步：查看你要购买的基金的单位净值、日涨幅、净值走势、业绩表现、历史净值等，如果符合需求，点击下方的“买入”按钮。

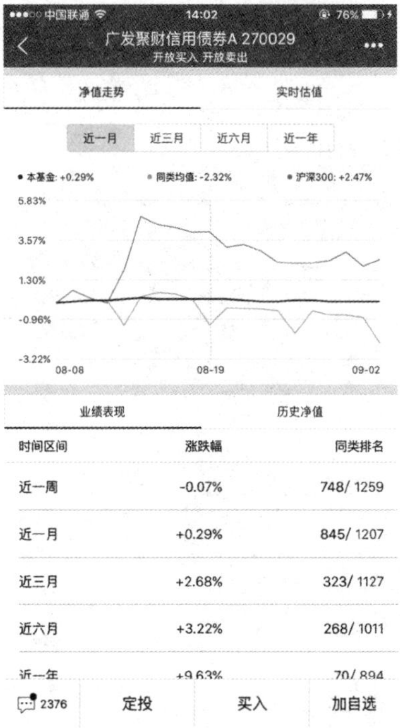

第四步：进行风险测试，点击“开始测试”按钮。测试完毕，点击“继续购买”按钮。输入金额，点击“确认购买”按钮，输入支付宝支付密码，基金购买成功。

■ 如何设置基金定投

蚂蚁聚宝设置基金定制的操作步骤如下所述。

第一步：在“蚂蚁聚宝”首页点击“基金”按钮。在“基金”界面，点击“定投”按钮。

第二步：选择你要购买的基金，也可以输入你要购买基金的代码或名称，点击进入。查看该基金详情后，点击“定投”按钮。

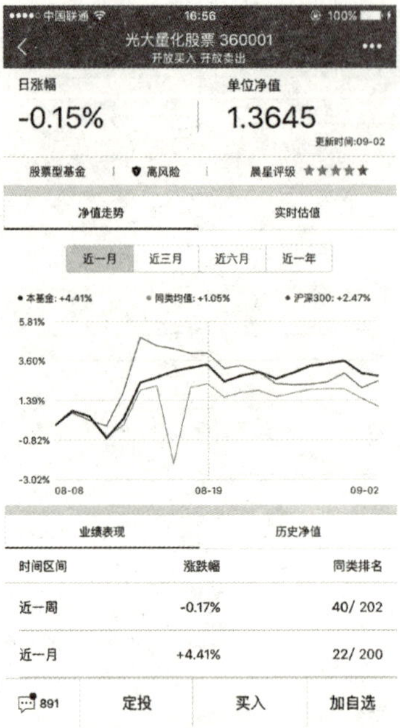

第三步：输入每期定投金额，设置定投周期、定投日，点击“同意协议并确认”按钮。输入支付宝支付密码，定投基金成功。

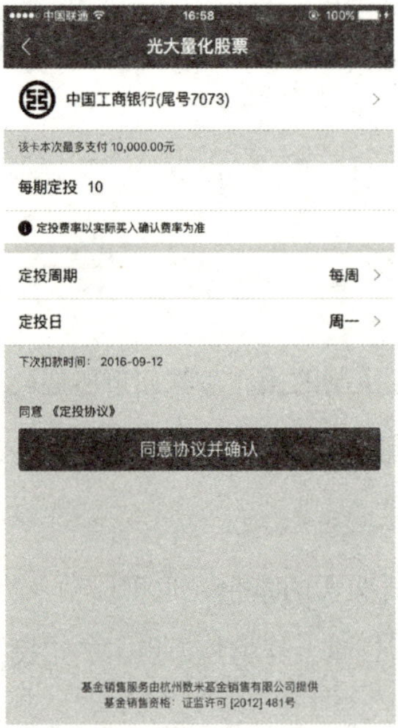

定投成功后，在“定投管理”中就可看到选择定投基金的信息。

■ 如何计算基金收益

一般情况下，若无基金分红，基金收益的计算公式为：

持有份额×（本交易日的单位净值-申购交易日的单位净值）-手续费=累计收益

持有份额×（本交易日的单位净值-申购交易日的单位净值）=昨日收益

除货币基金外，基金在非交易日是没有收益的。当昨日为非交易日时，昨日收益显示为“0.00”。

■ 基金如何赎回

基金赎回指申请将持有的基金单位按公布的价格卖出并收回投资资金。蚂蚁聚宝对基金赎回收取相应的费用，其本意是限制投资者的任意赎回行为。

那么，蚂蚁聚宝的基金赎回手续费如何计算？

基金赎回手续费的计算公式为：

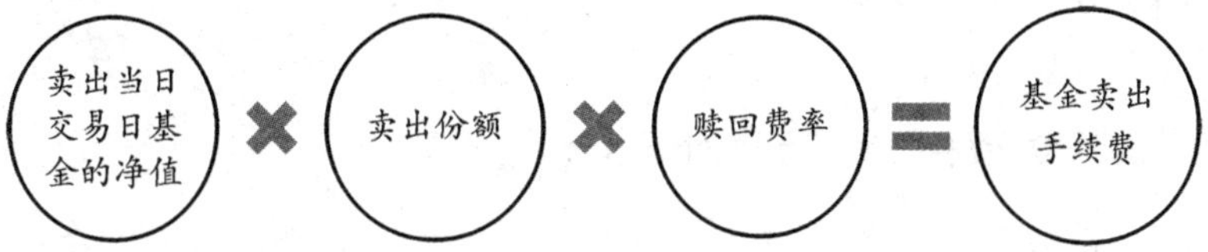

关于蚂蚁聚宝的具体赎回费率是多少，没有统一的标准，每个基金都不一样，投资者可以在“概况&费率”上查看。

基金赎回的操作方法如下所述。

在蚂蚁聚宝首页点击“基金”，进入“基金”界面。点击右下角的“卖出”按钮，选择需要卖出的基金，输入卖出份额。点击“确认卖出”，输入支付密码，即可卖出基金。

需要注意的是：基金卖出需要在买入份额确认后的下一个自然日才可操作。

■ 如何撤销基金交易

撤销基金交易的操作方法如下所述。

在“蚂蚁聚宝”首页点击“基金”，进入“基金”界面。选择你要撤销的基金，点击对应记录，点击右上角“撤销”，按照页面提示完成即可。

需要注意的是：在基金买入后尚未到当日交易结束时，可以申请撤销当前的买入操作，若当日交易结束则无法撤销。

3.7 投资基金的技巧

利用蚂蚁聚宝投资基金时应提高投资技巧，使投资资金保值、增值。

下面介绍几种在蚂蚁聚宝平台上投资基金的技巧，能够帮助你更好地投资基金，获得理想收益。

■ 根据风险承受能力选择基金

2016年基金的浮动收益比较高，巨大的赚钱效应使基金成为许多投资者首选的投资产品。前几年股市低迷让投资者少了一种理想的投资方式，基金以稳定收益的姿态出现，自然受到投资者的欢迎。新基金的热销程度已经到了不问管理人、不问基金类型、不问投资策略等的狂热状态。

金融市场变幻莫测，投资基金，投资者首先必须有风险意识和承担风险的心理准备。根据基金投资品种及组合看，大致可以分为这几类。

这些基金的收益从高到低排列，其风险也是从高到低排列。投资者应根据自己承受风险的能力选择合适的基金产品，切勿盲目跟风。

保本基金 → 货币型基金 → 混合型基金 → 债券型基金 → 股票型基金

投资者要根据自己的实际情况，选择适合自己的基金品种，选择基金时要考虑清楚以下三个问题。

首先,要仔细阅读基金契约、招募说明书或公开说明书等文件，并从报纸、销售网点公告或管理网站等正规途径，了解基金的相关信息，以便真实、全面地了解基金和基金管理公司的收益、风险、以往业绩等情况。

↓

其次，投资者还要判断一下自己的风险承受能力。如果你厌恶风险，就要考虑投资低风险的保本基金以及货币市场基金；如果你的风险承受能力很强，则可以投资指数型基金和股票型基金。

↓

最后，你还要考虑到手中的资金能否进行长期投资，如果不能长期投资，则选择变现能力好的货币型基金。

■ 选择优秀的基金管理公司

购买基金时要选择一个好的基金公司，只有好的基金公司才能给投资者创造理想的收益。基金公司管理能力是投资者选择基金公司时首要考虑的因素。

不同的基金管理公司的管理能力会有很大的差异，因此，在购买基金时要树立这样一个理念：买基金就是买一家优秀的基金管理公司。

那么，通过哪些信息来判断基金管理公司的好坏呢？

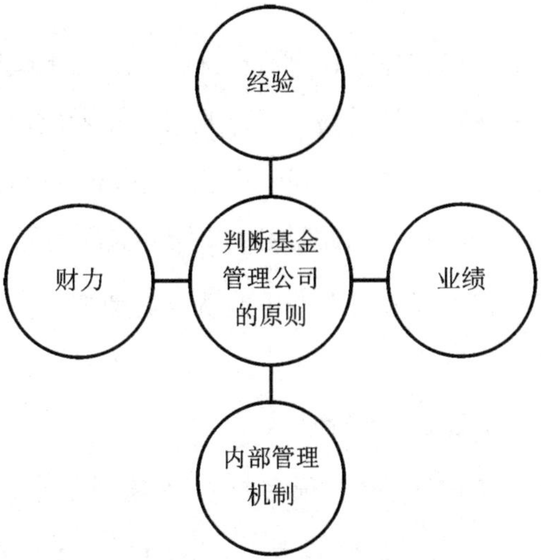

比如，经验是很重要的。一般来说，基金营运的时间越长就越能显出公司的管理水平。比如，有些基金的投资组合是由包括多个基金管理人员和研究人员的基金管理小组负责的，有的基金则是由一两个基金经理管理。

显而易见，前面一种公司的管理是更有效的，团队的合作受个人因素影响比较小，团队做出的决定也往往更理智。目前在开放式基金中收益名列前茅的几只基金，其管理公司均有着实力强大的团队。

当然，业绩、财力和内部管理机制同样重要，在此不一一详述。

■ 避免把股票操作手法套在基金上

根据数据显示，从2015年12月6日到2016年1月25日，股票型基金净值平均增长率达到了13.22%，最高的甚至超过了20%，但是巨大的赎回压力也接踵而至。有些基金甚至因为投资者赎回过多，而导致跌破2亿元的设立下限。“业绩越好却赎回越多”的奇怪现象，提醒我们要正确认识基金赎回。

大盘涨了，手中持有的基金净值也涨了，就马上赎回，这是常见的基金赎回的错误做法。“低买高卖”是股票投资者应遵循的赢利原则，许多做股票短线的投资人也是习惯于在上涨趋势良好时抛售股票。但短期波段操作和“低吸高抛”的投机原则都不适合基金投资。

基金的赎回费和再买入基金的申购费，会使短线操作的收益大打折扣，而且基金赎回的到账速度很慢，卖出和买入基金之间的时间差，可能就导致错过了最佳的基金投资时机。

另外在大盘跌的时候也有很多投资者赎回基金。这主要是受从众心理的影响，“别人的都赎回来了，我的那份是不是也应该要赎回呢？”“其他人都把基金赎回去了，那会导致基金净值的下降吗？”

其实，这种担心是多余的。股票升值，许多投资人选择在高位大量卖出，因而导致股票市值的下跌。但是基金与股票不同，基金的资产净值不会因为巨额赎回而下降，唯一影响净值的是投资组合的收益率，即使基金规模跌破2亿元的设立下限，只要其投资组合是赢利的，那么基金的资产净值依然维持在面值以上。

■ 选择合适的分红方式

开放式基金分红时是选择用红利再投资还是选择领取现金收益让许多投资者感到左右为难。其实，选择再投资还是选择拿现金，要考虑持有基金时间的长短、证券市场是牛市还是熊市、基金净值增长情况等因素。这些因素对基金的收益都会产生一定的影响。

为了鼓励投资者长期持有基金，很多基金公司规定，持有时间满3年的，赎回基金时免收赎回费，或者3年内逐年递减；否则，要收取1%至0.5%的手续费。

如果持有基金时间短，或者有赎回的想法时，选择再投资，假设基金净值没有提高，在基金份额增大的情况下赎回，赎回费相应增加，利润相应减少；而选择现金时就不存在这种问题了。

投资者修改分红方式是不受任何限制的，只要持相关证件到相应代销网点重新登记即可。

在证券市场走牛的背景下，基金净值往往提高较快，这时选择再投资是明智之举。而且，用红利再投资基金一般是不收取费用的。

■ 切忌频繁操作

买基金与炒股票不同，基金本身投资风险很低，投资价值是有保障的，不必因为害怕风险而频繁操作。

另外，开放式基金的交易费用比股票交易高很多，如果经常像炒股票那样做短线，交易成本巨大。投资者应该具备一定的抗风险能力，掌握一定的分析技术，对基金短期的波动做出自己的判断。还可以设定止损点（即预先设置一个最大可承受损失，达到该点就立刻赎回），以降低风险。

■ 注重价值投资

开放式基金不会像股票那样有太大的涨跌幅度，短线的可操作性不强。开放式基金往往表现为在长期中积少成多，所以要“放长线钓大鱼”。

开放式基金之所以会体现出稳步增长的特色，就在于其具有科学的投资观念，基金的每笔投资背后都是有价值分析支撑的，会科学地利用每一笔资金，即所谓“价值投资观念”。

我们投资基金也要有这种“价值投资观念”。买基金，买的是基金的投资价值，我们可以通过该基金的经营能力和持有结构判断该基金的投资价值。只有掌握了价值投资，才能在长期投资中获得高收益。

3.8 投资基金的风险防范

俗话说“理财有风险，投资需谨慎”，任何投资都有风险，且风险和收益呈正比关系：风险越大，收益就越高；风险越小，收益就越低。

那么，基金投资有哪些风险呢？

■ 基金品种不同，风险不一样

基金的种类不同，风险大小也不一样。风险最低的是收益型基金；第二的是平衡型基金；股票型基金和成长型基金的风险最高，收益也最可观。

基金的投资品种风险分为两种。

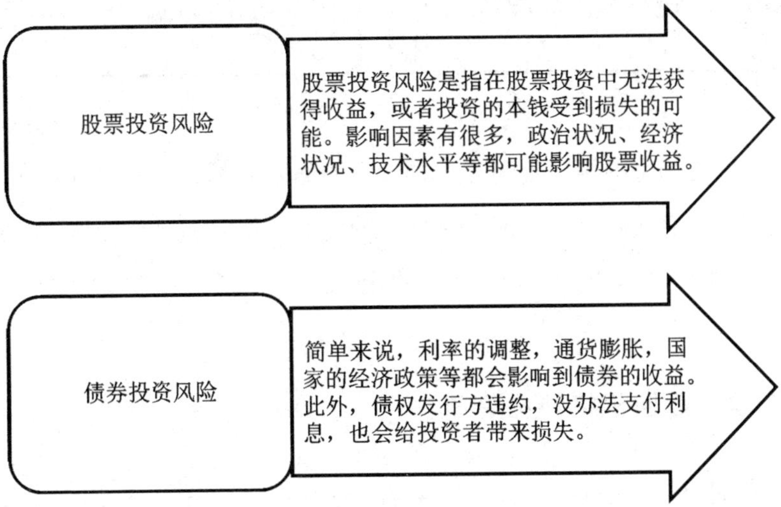

每个人的风险承受能力不一样，在投资的过程中要量力而行，根据自身的情况选择适合自己的投资项目。

■ 基金运作机构能力参差不齐

现在已经进入了一个全民投资做理财的时代，小到余额宝等小额理财产品，大到股票投资等，花样繁多。每项理财产品的运作机构不一样，收益率亦不同，如果基金的运作出现问题，则会影响基金的收益。

运作机构风险主要包括以下两个方面。

上市公司经营不善

如果运作基金的上市公司经营出问题，该公司股票就会下跌，从而影响利润，基金投资者的收益就会受到影响。

基金管理人专业性不强

选择一个靠谱的基金管理人或者股票经纪人非常重要，管理者的水平如果不尽如人意，会影响公司整体的发展，降低公司的风险控制能力。

使用过淘宝的用户都知道，每一件商品下面都有买家评价。在蚂蚁聚宝中，也有对基金公司或者经理人的评价，用户通过这些评价，就能了解基金的情况，从而做出正确的决定。

■ 申购、赎回价格情况莫测

买基金和买股票不一样，基金的申购和赎回都是按照当天的收市价执行的，但是下单申购和赎回都要在收市前完成。

■ 金融市场不稳定

影响金融市场的因素有很多，除了国家的经济政策外，上市公司的经营情况也是个重要影响因素。这些因素稍有变化，都会让投资者手里的基金价格发生变化，从而影响收益。

现在，有了蚂蚁聚宝，投资者可以随时了解金融市场的动态，及时调整自己的投资策略。

■ 流动性风险

投资者想要把自己手中的基金卖出，但是不能及时变成现金，或者没有按照自己预期的价格卖出，这种情况叫做流动性风险。

在过去，这种情况非常常见，但是互联网金融大大地削弱了这一风险，比如余额宝、活期宝等，投资和提现都非常方便，流动性风险低，投资者可以放心理财。

3.9 如何查询股票行情

在蚂蚁聚宝“市场”板块里的最后一个分栏是股票，包括沪深、港股、沪港通和美股，而“自选”板块则是自选股和相关资讯。蚂蚁聚宝目前还不可以买股票，只有查询功能。

蚂蚁聚宝平台还是很重视股票这一板块的，目前提供了多项证券服务，虽然不能购买股票，但是可以从多个维度了解股票相关数据。此外还可以浏览资讯，看看业内人士的观点。

有消息称，蚂蚁聚宝正在着手接入券商，那么买卖股票还是可能实现的，也更贴近蚂蚁金服要把蚂蚁聚宝打造成一站式理财平台的愿景。只要监管层不出新的政策限制，蚂蚁聚宝买卖股票还是可以期待的。

查询股票行情的方法如下所述。

在“蚂蚁聚宝”APP主页点击“市场”按钮，进入“市场”界面。点击“股票”按钮，即可查看相关股票行情。

点击“沪深”，即可查看国内沪深市场行情数据，包括指数、热门板块、涨跌幅排名、5分钟涨速排名、换手率排名行情等数据。

热门板块界面显示板块名称、板块涨跌幅、板块中领涨股的名称，默认按板块涨幅倒序排列，点击可以切换排列顺序。

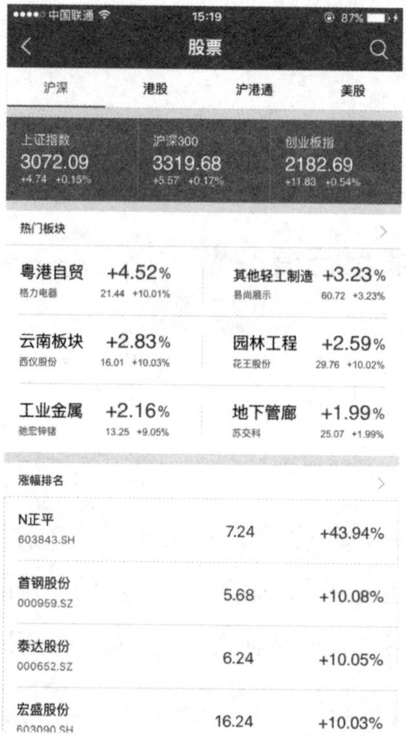

还可查看沪深指数行情、资讯、观点、数据，加入和删除自选功能。行情图有分时、日K、周K、月K四个标签页面；行情图下包括观点和要闻，展示市场要闻和用户发布的观点及评论。

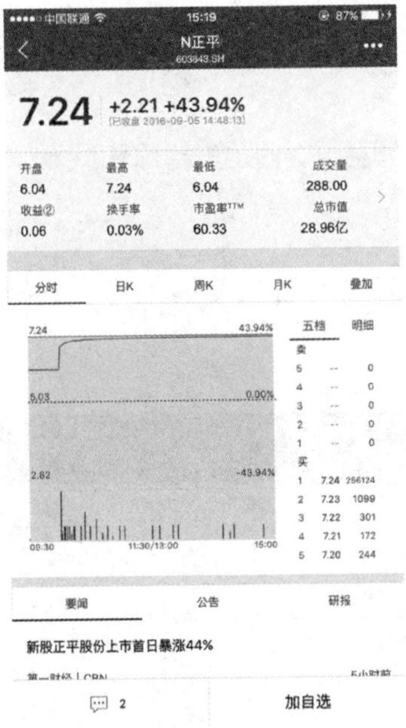

点击“港股”，即可查看香港股票市场行情数据，包括指数、涨跌幅排名行情数据。涨幅排行列表包含股票名称和代码、最新价、涨跌幅三列数据。

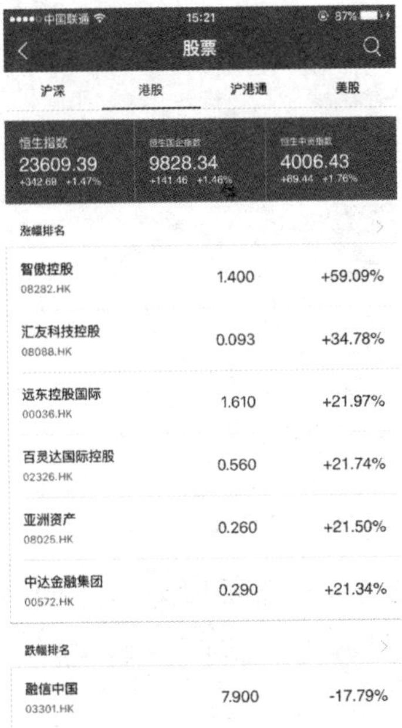

点击“美股”，即可查看美股市场行情数据，包括中概股涨幅排名、明星股涨幅排名等。

明星股排行列表包括知名股票名称和代码、最新价、涨跌幅三列数据。

中概股排行列表包括大陆在美国上市公司股票名称和代码、最新价、涨跌幅三列数据。

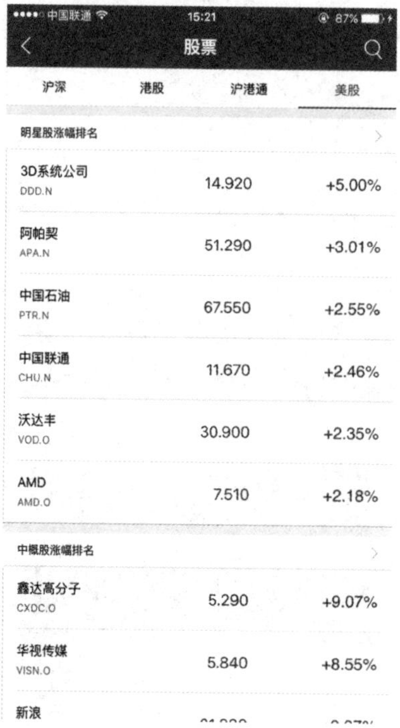

■ 如何添加自选股

添加自选股的操作方法如下所述。

在“股票”界面选择你感兴趣的股票，点击进入。查看股票行情，在右下方点击“加自选”按钮，即可加入自选股。

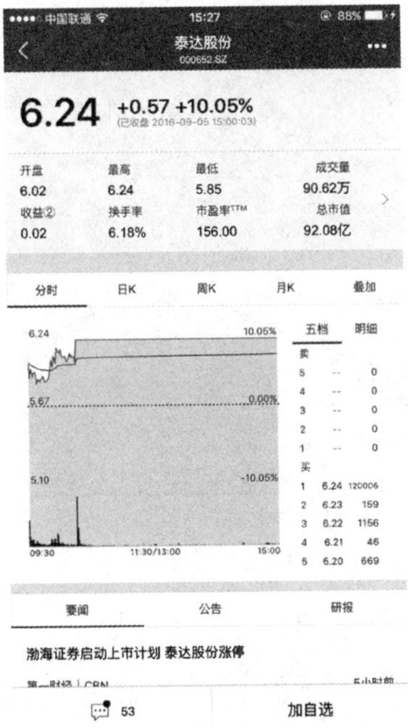

也可在股票搜索页面，输入你感兴趣股票的代码或名称，点击股票后的“加自选”，添加成功。

本章精彩导读

什么是余额宝
如何计算余额宝的收益
如何将资金转入余额宝
如何转出余额宝资金
如何使用余额宝支付红包
如何用余额宝购买其他理财产品
如何操作余额宝零元购机
如何进行储蓄与余额宝组合理财
余额宝理财风险解读

第 4 章　余额宝，小钱也能变大钱

余额宝，是由支付宝钱包开发的具有“挣钱功能”的互联网理财产品，它将用户的“电子钱包”变成了“会挣钱的电子钱包”。对于保守型的投资者，无法进行长期投资的投资者，或是刚刚进入社会、不太会理财的“月光族”，余额宝理财是不错的选择。

4.1 什么是余额宝

余额宝是支付宝推出的一项余额理财产品。准确地说，余额宝是一种货币基金。你把资金转入余额宝，实际上是购买了一款由天弘基金提供的名为“余额宝”的货币基金。余额宝内的资金还可随时用于网购消费和转账。只不过，余额宝借助于支付宝这个平台，成为了货币基金中的代表产品。

余额宝理财具有五大特点。

低门槛	零费用	收益高	随用随取	保障安全
• 1元起存	• 免基金申购费、赎回费、管理费等	• 复利性质，让你“钱生钱”	• 随时转入、转出或消费	• 如核实账户被盗属实，支付宝会做出补偿

当你把银行账户里的资金或者支付宝里的资金转入余额宝后，就意味着你已经购买了该项基金理财产品。相比起直接进行债券投资或购买银行理财产品，余额宝最大的优势在于它具有较高的资金流动性，当天

收益当天便可到账。

我们都知道，银行活期存款的利率低，收益稳定，并且风险极低。与活期存款利息相比，余额宝相对收益较高，风险也略高。但是，由于余额宝是支付宝推出的一款理财产品，所以支付宝会为你提供一定的资金担保。你不但在消费时可直接使用余额宝里面的资金，也可以再将其转回到支付宝当中。

举例来说，如果你将50万元存款转入余额宝，那么你平均每天收益至少60元。一个月后，你至少可获得1800元收益。再加上支付宝的复利投资模式（即当天产生的收益，在第二天会计入本金），你的年投资收益可达2.4万元。这样算来，年利率达4.8%。

有人好奇，为什么越来越多的人选择购买余额宝这类互联网理财产品而不是传统的银行理财或投资产品呢？

■ 余额宝的优势

余额宝和银行活期存款相比：活期存款是储蓄，利息低，优势是风险低、收益稳定；余额宝则为基金收益，相对活期存款而言收益较高，略有风险。

余额宝与一般货币基金的最大不同点，是可以随时用余额宝的资金进行消费。而一般的货币基金需要先赎回再进行消费，而且赎回通常要两个工作日资金才能到账。

综上所述，余额宝具有以下三方面的优势。

余额宝的资金能实时提取，银行理财产品则无法做到实时提取 。

对于保守型的理财者，在不能接受任何本金损失的情况下，通常只能在银行做保本型理财产品。这种理财产品年利率基本在4.5%上下浮动，其收益还不如余额宝。

余额宝内的资金还是比较安全的，同时，支付宝承诺100%赔偿被盗资金。

由此可见，对于保守型的投资者，没有长期投资计划的投资者或是刚踏入社会、不善于理财的“月光族”来说，余额宝是可以在短期内获得不错收益的较佳选择。

■ 如何打开余额宝

下面，让我们一起来看看如何打开余额宝。

打开余额宝的操作方法非常简单，在支付宝的“财富中心”找到“余额宝”，点击进入。

作为互联网金融时代的旗帜产品之一，余额宝上线仅仅6天时间，用户数便突破100万大关，18天吸金66亿元。余额宝如此受欢迎，得益于其独特的优势。但余额宝是一种投资行为，用户应理性对待。

4.2 如何计算余额宝的收益

在计算余额宝的收益前，我们先要了解什么是余额宝收益。

余额宝的收益是指你购买余额宝理财产品所产生的利息。就好像你存在银行里的钱会产生利息一样，购买余额宝也会产生收益。

余额宝的收益是跟着资金利率走的，资金利率高，余额宝的收益也高；资金利率低，余额宝的收益也低。如果货币市场走弱，余额宝的收益回归将是一个稳定的过程，不会突然下浮。

转入余额宝的资金在第二个工作日由基金公司进行份额确认，对已确认的份额会开始计算收益，可以在份额确认后的第二天15:00点后查看收益。

作为一款货币基金，余额宝遵循以工作日（不包含周末和节假日）15:00点为临界点的规则，超过15:00点则计入第二个工作日的交易。所以，请谨记一定要在周四15:00点前转入，否则转入资金需要休息一个周末才会做份额确认。

如下表所示，根据你转入的时间，可以对照支付宝账户首次计算收益的显示时间。

转入时间	首次计算收益显示时间
周一15:00~周二15:00	周四
周二15:00~周三15:00	周五
周三15:00~周四15:00	周六
周四15:00~周五15:00	下周二
周五15:00~下周一15:00	下周三

■ 如何计算收益

余额宝每天的收益都不同，计算公式如下：

余额宝收益=已确认金额/10000×当日万份收益

例如，你有10000元已确认份额，当日万份收益是0.8，那么你的余额宝收益就是：

10000/10000×0.8=0.8

你每天的收益就是0.8元。

余额宝转入金额为100元以上，可以有较高概率得到收益。若当天收益不到1分钱，系统可能不会分配收益，且也不会累积。

■ 如何查看收益

那么，如何查看收益呢？其操作方法非常简单。

在余额宝首页的右边，即可查看收益情况。包括昨日收益、历史累计收益、七日年化收益率、每万份收益等。

点击“七日年化收益率”下方的“利率走势”，即可查看近一个月平均收益率及收益详情；点击“每万份收益”下方的“收益走势”，即可查看近一个月来收益的走势情况。

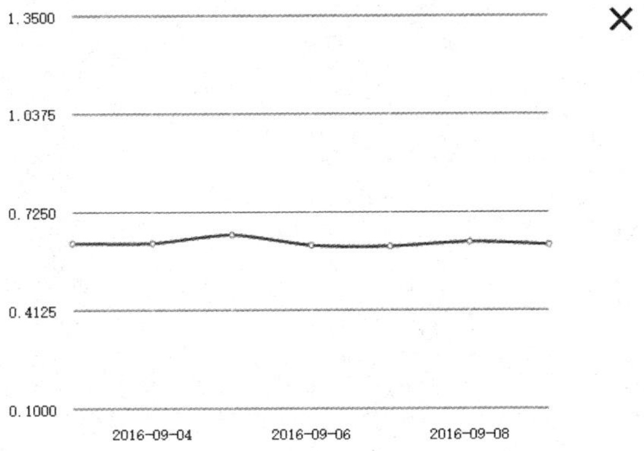

4.3 如何将资金转入余额宝

余额宝是由支付宝为个人用户打造的一项余额增值服务。通过余额宝，你不仅能够获得收益，还能随时用于消费支付和转出，使用起来非常方便。

你可以通过支付宝，随时随地将资金转入余额宝中。余额宝最低转入单笔金额≥1元（可为非正整数）。根据基金行业历史经验，建议你持有100元以上。

将资金转入余额宝的具体操作步骤如下所述。

第一步：在“余额宝”的首页，点击“转入”按钮，即可进入转入界面。余额宝转入分为“单次转入”和“自动转入”，点击“转入”按钮后，系统默认“单次转入”。

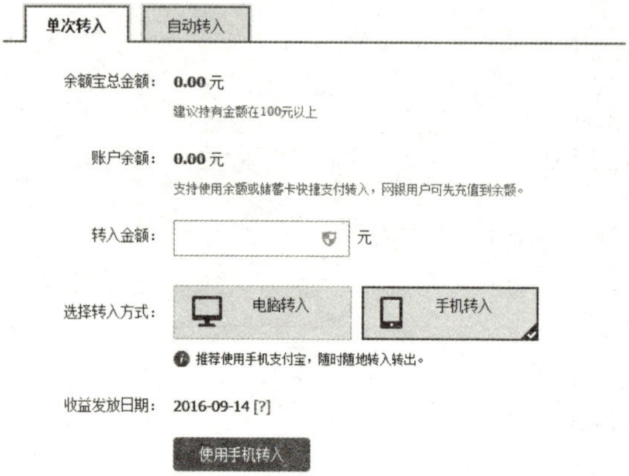

第二步：输入转入金额，选择转入方式，点击“下一步”按钮。输入支付宝支付密码，点击“确认付款”按钮，成功将资金转入余额宝。

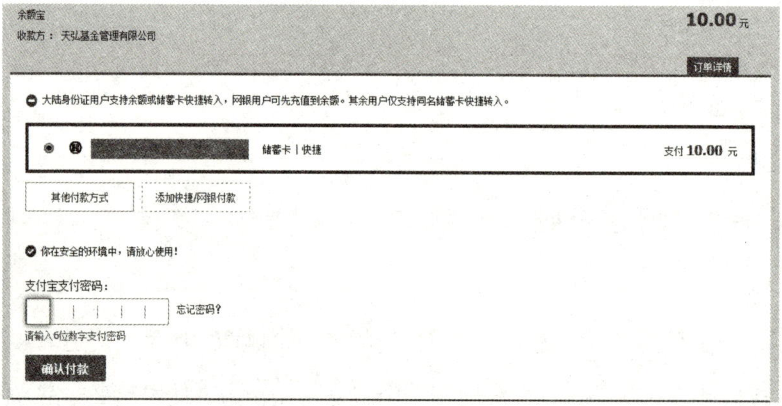

你也可以点击“自动转入”按钮，切换至其界面，开启“自动转入”功能。输入“账户余额保留”金额，点击“同意协议并确定”按钮。输入支付宝支付密码，即可开通“自动转入”服务。

余额宝“自动转入”服务是指在你开通自动转入功能后，支付宝根据支付宝合作的金融机构的扣款指令，从你支付宝账户余额或指定账户中扣取超出保底金额的款项，由支付宝合作金融机构在其网上直销自助前台系统自动为你完成理财产品的申购的服务。

“账户余额保留”是指你在开通余额宝“自动转入”服务时设置的阈值。当你的支付宝账户余额超过这个阈值时，超出部分款项将自动用于申购相应的理财产品。如你的支付宝账户余额低于阈值时，则不进行自动转入。

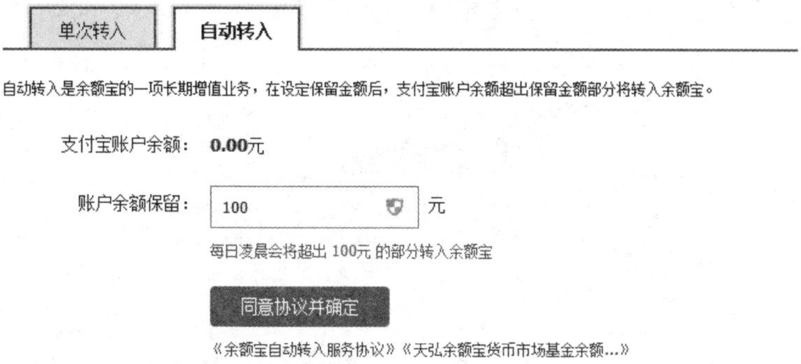

余额宝的“自动转入”服务是可以修改或取消的。其具体操作方法是：在支付宝界面，点击“我的支付宝”。在“我的支付宝”界面，找到“余额宝”，点击旁边的“管理”按钮进行修改。点击“修改”或“关闭”可以对已开通的余额宝“自动转入”功能进行设置，且可查看设置的“账户余额保留”金额。

4.4 如何转出余额宝资金

转出余额宝资金的操作方法如下所述。

在“余额宝”首页点击“转出”按钮，即可进入转出界面。余额宝转出分为转出至银行卡和转出至账户余额。点击“转出”按钮后，系统默认“转出至银行卡”。

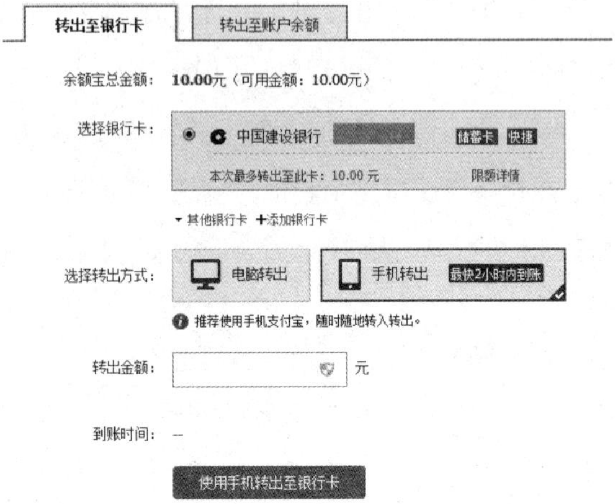

■ 转出至银行卡

如果选择转出至银行卡，需要选择银行卡、转出方式，填写转出金额，输入支付宝支付密码，点击“确认转出至银行卡”。转出余额宝资金成功，等待银行处理。

按余额宝转出至银行卡的金额，有三种到账时间，如下所示。

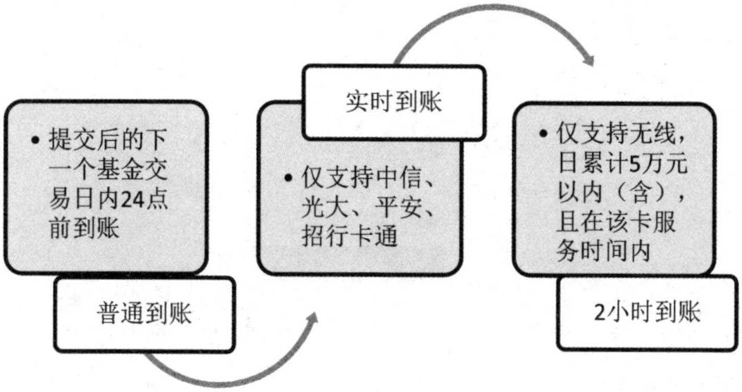

一个账户一天最多可操作三次“转出至银行卡”，具体限额以页面显示为准，以下限额仅供参考：

（1）普通提现银行卡：单日/单笔5万元，单月无限额；

（2）储蓄卡快捷银行卡：超过5万元需要账户开通储蓄卡快捷支付后再操作，单笔/单日100万元，单月无限额；

（3）实时提现银行卡：支持中信、光大、平安、招行卡通，以卡通本身额度为准。

目前支持工行、招行、建行、中行、农行、交行、浦发、广发、邮储、中信、光大、兴业、民生、平安、杭州银行、宁波银行等银行，具体以页面展示为准。

■ 转出至账户余额

点击“转出至账户余额”，输入转出余额和支付宝支付密码，点击“确认转出至账户余额”按钮，则转出至账户余额成功。

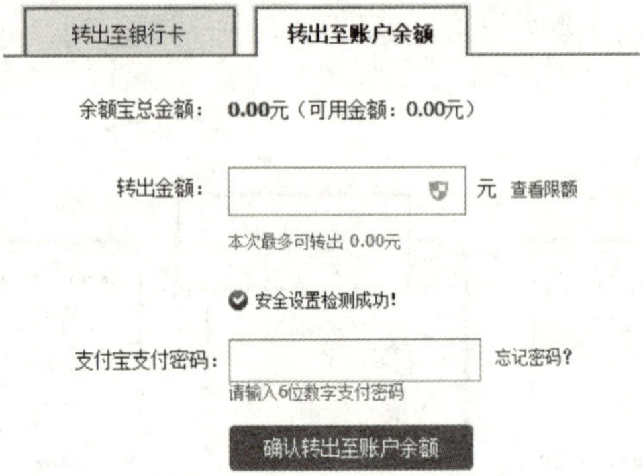

余额宝资金实时转出到账户余额的限额是：单笔100万元、单日100万元、单月100万元。

需要注意的是：用于购物消费支付和转出的部分余额宝资金，当天是没有收益的。

4.5 如何使用余额宝支付红包

余额宝支付红包为使用余额宝进行支付时可抵用的现金红包，余额宝支付红包支持淘宝购物、天猫购物、话费充值、信用卡还款、水电煤缴费等。

余额宝支付红包有四个使用规则。

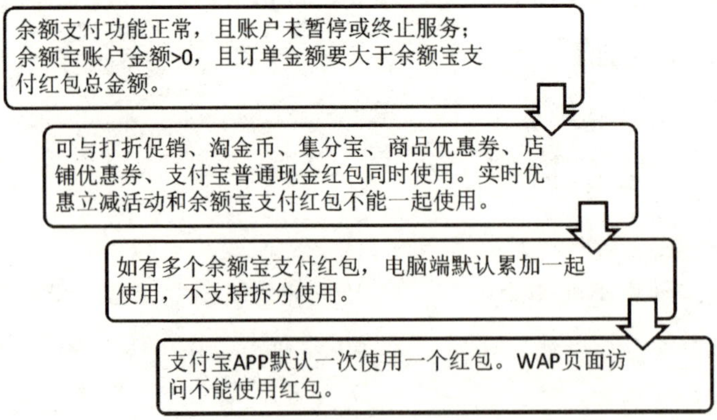

4.6 如何用余额宝购买其他理财产品

支付宝不仅仅是强大的现金管理工具，还具备强大的理财功能。余额宝资金可以用于购买基金、保险等其他理财产品，其操作方法如下所述。

第一步：登录你的支付宝，点击你的账户名下的“理财”按钮。

第二步：在出现“账户通”界面，点击“选择理财产品”按钮。

第三步：在支付宝已经上线的各种理财产品，除了余额宝对应的天弘基金增利宝外，还有银行的理财产品、基金公司的定期理财和债券理财。综合来说，有短期理财产品、中期理财产品和长期理财产品。你可以根据自己的需要选择购买，并用余额宝支付。

4.7 如何操作余额宝零元购机

在支付宝APP中关注中国电信的公众账户和线下营业厅等，在运营商电信、联通购买合约机过程中，在余额宝中止付（即不可用）一定份额和期限的余额宝资金，即可免除预存款办理相应档位的合约机。

在协议期间需正常缴纳话费，则原授权止付的余额宝资金至期满后恢复返还给用户，同时被授权止付的余额宝资金在止付期间仍正常享有余额宝收益。

利用余额宝零元购机有以下三个规则。

要求	详细说明
账户要求	1）年满18周岁的中华人民共和国大陆居民，完成支付宝实名认证的用户，或完成支付宝账户身份验证且绑定快捷支付的用户 2）若用户已有实名认证账户（18位身份证号码），其他账户开通余额宝需先关联认证；身份验证账户如果同一身份证有其他认证账户的，则必须关联认证后才能开通
支持的预授权金额	余额宝不足时，在确认止付的过程中，页面会提示转入至足额为止
支付限额	1）余额宝零元购机只支持通过余额宝办理，如果未开通余额宝，需先开通余额宝，或者在办理余额宝零元购机过程中，开通余额宝 2）余额宝止付（即不可用）额度跟余额宝消费、转账到支付宝账户共享额度 3）支付限额：单笔5万元，单日5万元，单月20万元。例如：如果今天通过余额宝转入支付宝账户2万元，通过余额宝网上消费2万元，余额宝止付额度最高为1万元

余额宝零元购机的操作步骤如下所述。

第一步：打开你的手机支付宝，输入“中国电信”，添加关注。在“中国电信”界面，点击右下方的“找优惠”，选择“宝宝订单”，进入“宝宝购机”界面。

第二步：挑选自己喜欢的手机，点击“免费申领”按钮。选择号码和合约套餐，选择自己想要的号码。填写个人信息，点击“提交订单”按钮。完成金额冻结和付款，等待收货。

资金冻结期间，你的余额宝还是有收益的，这些收益会在合约到期时，一并返还到你的余额宝里。

4.8 如何进行储蓄与余额宝组合理财

余额宝和储蓄各有优劣，二者组合理财才能获得较大收益。余额宝刚推出时，其收益率要比银行一年定期储蓄的收益率高，这使得储户一边倒地将存在银行的资金搬移到余额宝上。但是银行业也在与时俱进，不断调整利率迎头赶上余额宝。

2015年5月11日，央行年内二度降息，根据央行要求，银行可以根据自身需求，将存款利率浮动区间的上限由存款基准利率的1.3倍调整为1.5倍。测算可知，各期限定期存款利率最高可为三个月2.775%、半年3.075%、一年3.375%、二年4.275%、三年5.25%。

央行5月10日降息后，各银行存款利率执行情况汇总

银行	活期(%)	定期(%)					
		三个月	半年	1年	2年	3年	5年
基准	0.35	1.85	2.05	2.25	2.85	3.5	
工商银行	0.35	2.1	2.3	2.5	3	3.5	3.75
农业银行	0.35	2.1	2.3	2.5	3	3.5	3.75
中国银行	0.35	2.1	2.3	2.5	3	3.5	3.75
建设银行	0.35	2.15	2.35	2.55	3	3.5	3.75
交通银行	0.35	2.1	2.3	2.5	3	3.5	3.75
招商银行	0.35	2.1	2.3	2.5	3	3.5	3.75
浦东银行	0.385	2.25	2.5	2.75	3.15	3.75	3.85
中信银行	0.385	2.25	2.5	2.75	3.15	3.75	3.85
华夏银行	0.385	2.26	2.5	2.75	3.16	3.89	4.25
光大银行	0.35	2.25	2.5	2.75	3.16	3.5	3.75
兴业银行	0.385	2.3	2.5	2.75	3.25	3.75	3.75
广发银行	0.35	2.3	2.5	2.75	3.15	3.85	4
民生银行	0.385	2.25	2.5	2.75	3.25	3.85	3.95
平安银行	0.385	2.25	2.5	2.75	3.25	3.75	3.75
浙商银行	0.42	2.25	2.5	2.75	3.5	4.25	4.75
渤海银行	0.42	2.22	2.46	2.7	3.42	4.2	4
恒丰银行	0.42	2.22	2.46	2.7	3.42	4.2	4.2
北京银行	0.42	2.313	2.563	2.750	3.135	3.5	4
杭州银行	0.42	2.52	2.76	3	3.72	4.5	4.9
南京银行	0.385	2.52	2.76	3.00	3.72	4.55	5.0
包商银行	0.42	2.52	2.76	3.00	3.72	4.50	5.00
邮储银行	0.35	2.1	2.31	2.53	3	3.5	3.5

图注：数据来源于各行官网，数据截止到2015年6月5日。

在储蓄时应秉持以下两个理念。

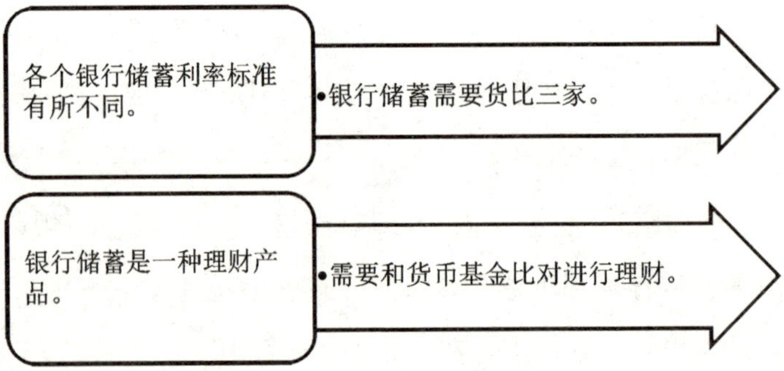

随着银行利率的巨大变革，意味着在未来，余额宝在利率上不再具有绝对性优势，储蓄和余额宝的组合理财显得尤为必要。具体而言，可以采用以下几种模式组合理财。

4.9 余额宝理财风险解读

支付宝推出“余额宝”这一互联网融资理财产品后，就受到了新闻媒体的大篇幅报道，吸引了年轻人的关注。尽管有一部分淘宝用户开始尝试，但依然还有很多人对余额宝不太了解，对其风险更是知之甚少。

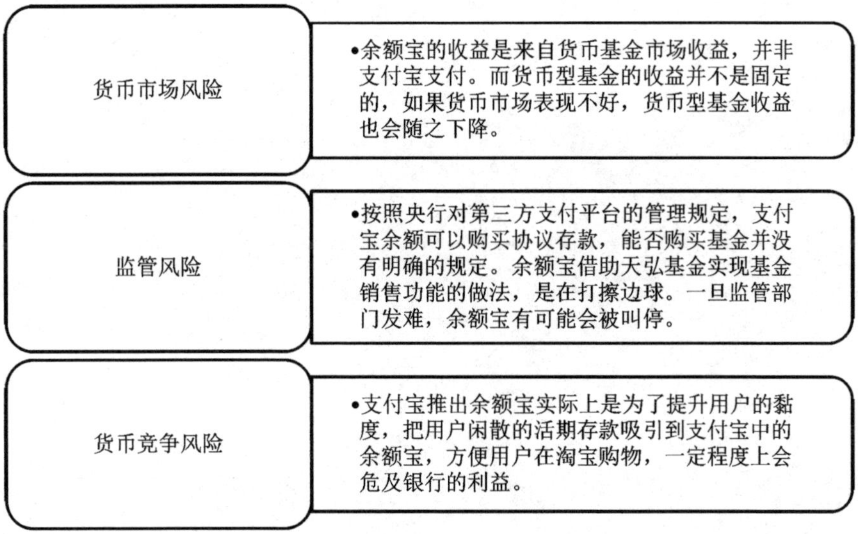

本章精彩导读

什么是招财宝
招财宝究竟如何“招财”
如何购买招财宝产品
如何设置招财宝预约抢购
如何申请变现
如何查询招财宝资产

第 5 章　招财宝，定期理财收益高

2014年，阿里巴巴推出了一款令人惊艳的互联网金融创新产品——招财宝。如果说，2013年的余额宝掀起了一股活期储蓄“搬家”浪潮的话，招财宝则掀起了一股定期储蓄的“搬家”浪潮。招财宝收益比余额宝要高，用“活期存款灵活性”做到了“定期理财的收益”，这也是招财宝备受欢迎的重要原因。

5.1 什么是招财宝

2014年4月，阿里巴巴继推出余额宝之后又推出一款互联网金融创新理财平台——招财宝。

招财宝连接了个人投资者与个人融资者、中小企业，为投融资双方提供居间金融信息服务。同时，招财宝还与各大银行、各大保险公司等金融机构和担保公司合作，由金融机构和担保公司为借款项目提供专业的风险管控和增信措施服务。

在“招财宝”平台上，投资者可以购买到银行、基金、保险公司等金融机构发布的各类定期理财产品，以及中小企业或个人融资者发布的借款产品。下图为招财宝首页界面。

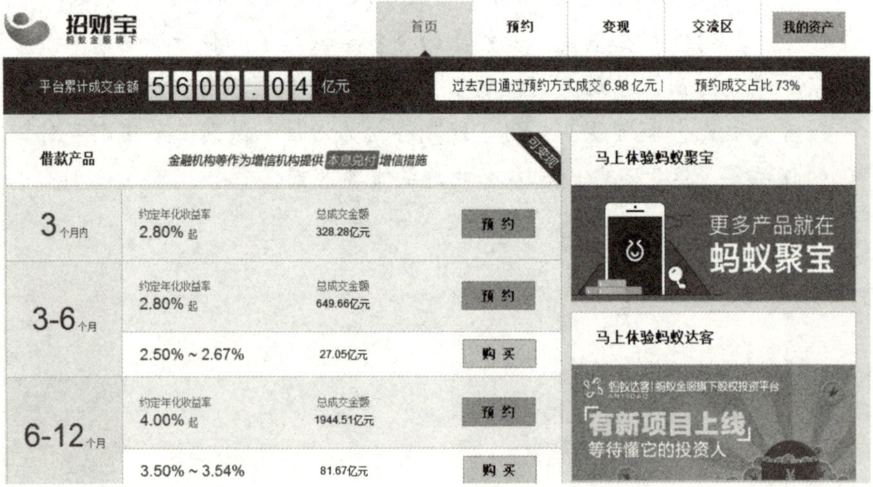

由于招财宝与余额宝均出自阿里巴巴之手，在支付宝的财富中心

界面，我们均可以看到这两款理财产品。不过，招财宝与余额宝有所不同。简单来说，余额宝比招财宝灵活，具体体现如下。

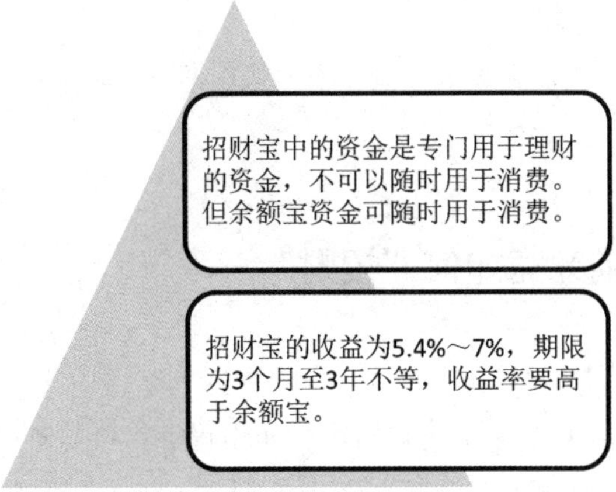

招财宝的定位与当下的P2P网贷十分相似，通过互联网平台提供资金供需信息，撮合借款人和投资者，让融资者获得资金。但招财宝和普通的P2P网站有几大区别：招财宝平台自身不发布任何理财产品和借款项目，不设立资金池，不提供投资担保，也不做期限错配。同时，招财宝平台不干预定价，价格由融资方、投资方和提供风险管理的金融机构共同确定。

总体来说，招财宝有三大特点。

投资安全	资金安全	购买起点低
•预约到的产品由金融机构或担保公司提供本息保障措施。如果借入人发生逾期问题，由提供保障措施的相应机构履行还款保障义务。	•产品到期资金将自动转入余额宝，余额宝资金由保险公司承保，如出现被盗将由保险公司全额赔付。	•用户购买招财宝理财产品的最低金额为100元。

目前，招财宝上主要有基金产品、借款类产品、交易所产品等。其

收益显示时间为：预约购买成交当日或后一日开始计息，计息日的后一日15:00起显示收益。

招财宝的收益计算公式为：

招财宝收益=持有金额×约定年化收益率×持有天数/365天

5.2 招财宝究竟如何“招财”

招财宝的本质是一个综合理财产品销售平台，与余额宝并不相同，所以对有意购买的投资者来说，首先要明白它究竟是怎样招财的。

■ 随时变现

招财宝的创新之处在于赋予定期理财产品随时变现的功能，用户只要支付交易金额千分之二的手续费，即可轻松变现。

在招财宝平台，理财产品有很多，虽然不少产品都写有投资期限，但基本上都有“可变现”的标识。有该标识就意味着用户购买此项理财产品，如果在理财过程中，出现紧急情况需要用钱，只要支付交易金额千分之二的手续费即可随时变现，原产品收益率不变。

举个例子，李明在招财宝上购买了某款1年期年化8%的理财产品，半年后孩子上学急需用钱，那么这半年内得到的收益还是保持在年化8%不变，李明只用向交易平台支付变现金额0.2%的手续费，变现资金很快便可到账。

灵活性不足是传统理财产品的最大缺陷，理财产品一旦购买，中途是不允许投资者“退货”的；虽然有些产品允许投资者提前“退货”，但是收益就大打折扣了。

综上所述，招财宝在传统的理财产品基础上，具有随时变现的功能，极大地方便了理财用户。此项功能的好处主要表现在两个方面。

投资者如果在理财过程中发现收益更好的理财项目，可以随时提现，改变投资对象。

投资者如果遇到紧急情况急需用钱，可以随时变现。

■ 理财产品种类繁多

招财宝作为一个理财产品的推广销售平台，已经联合国内40多家资质好、信誉高的金融机构，针对不同的用户提供不同种类的理财产品，在保证用户本金安全的基础上，提高了用户的收益。

不管是银行、证券公司，还是保险公司发布的理财产品，在招财宝上都可以买到。这些理财产品的期限不一，短到3个月，长至3年都有。投资门槛也不一样，起投金额从100元到1000元不等，年化收益也不同，从5.4%到7%的都有。

用户可以根据自己的需要进行选择。理财产品的收益往往和风险成正比，风险越大收益越高，风险越小收益越低。但招财宝上推荐的大多数是稳健型的产品，基本可以保本，风险很小。

■ “私人定制”般的预约功能

在招财宝的平台上，用户除了可以随时购买产品，还可以使用“预约”功能。如何“预约”呢？用户先把计划的理财资金存入余额宝内，然后在招财宝中设置自己期望的收益率、理财期限、产品类型等等，系统会根据用户提供的关键词搜索理财产品。

如果当时没有搜索到符合条件的理财产品，那么在未来的30天内，只要有符合条件的产品上架，在用户授权的前提下，系统会自动购买该理财产品。在这段“预约期”内，用户的本金将存在余额宝内不变，按照余额宝的浮动利率产生收益。

招财宝上的预约理财不收取任何费用，理财结束，本金和收益可以继续存入余额宝，可以按余额宝浮动利率获得收益。

■ 本息安全

招财宝引入众安在线保险公司和第三方中国投融资担保公司，为平台上所有用户的本金和利息进行100%的全额担保，一旦理财产品出现坏账问题，担保公司和保险公司会全额赔偿。

这一点大大解决了投资者担心的资金不安全问题，增加了投资者对招财宝的信任。

5.3 如何购买招财宝产品

在招财宝购买理财产品时不仅要留意约定年化收益率和预期年化收益率，同时还要知道招财宝预约和购买的不同之处。

在招财宝平台上，预约和购买是两个不同的概念。购买是招财宝提供各种年化收益率的产品，如果你对其中一个产品感兴趣可以点击购买，按要求购买成功后，你就正式成为受益人。预约是在个人账户里输入你希望预约产品的年化收益率和期限，提交成功后招财宝平台上有符合你预约条件的产品即可自动抢购。简单来说，预约产品更像是一种个人定制，根据用户的需要定制一项理财产品。但这项产品市场并不一定会有，这样就无法保证预约成功。

购买招财宝理财产品的操作步骤如下所述。

第一步：打开招财宝，查看各种理财产品，找到自己心仪的产品之后，点击“购买”按钮。

第二步：选择购买期限，有3个月内、3～6个月、6～12个月、12～24个月、24月以上和不限等期限。选择购买金额，分为100～1000元、1000～1万元、1万～5万元、5万元以上。根据你的实际情况，选择合适的期限与金额。

第三步：选择好期限和起购金额后，下方会自动显示出可供你购买的理财产品。查看每个产品的具体情况，包括约定年化收益率、可变现的天数、产品类型、起购金额、已成交笔数等。查看完毕，选择你需要购买的理财产品，点击“购买”按钮。

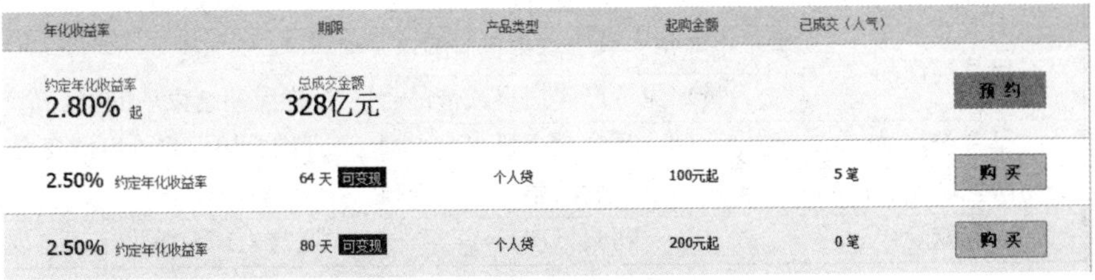

第四步：进入“购买”界面，查看购买信息，包括约定年化收益率、投资期限、产品类型、产品规模、到期时间、还款方式等。在页面右边输入你购买产品的金额，点击“确认付款”按钮，进入“支付”界面。

第五步：输入你的支付宝支付密码，点击“确认付款”按钮，即可购买成功。

购买成功后，可以点击“我的资产”直接查看该交易信息。

■ 招财宝产品起息时间和变现时间

购买招财宝理财产品，除了知道操作步骤以外，还需要了解招财宝产品起息时间和变现时间。

产品类型	起息时间	变现时间
借款类产品	中小企业贷：募集结束日后的第一天	犹豫期结束后的第一个自然日0点起可申请变现
	个人贷：见资产详情页或产品合同	
基金类产品	基金成立日	
交易所挂牌发行产品	募集结束日后的第一个工作日	
万能险	购买日次日	通常为10天后可申请变现

5.4 如何设置招财宝预约抢购

预约抢购是招财宝平台推出的一项便捷增值服务，你可以提前预约，自行设置产品目标（包括约定年化收益率、期限、产品类型）和购买金额，由系统为你自动检索符合条件的投资理财产品信息并自动下单。

你预约投资理财产品的资金只能来源于余额宝，在成交前享受余额宝的收益，并且随时可用。

■ 电脑设置预约抢购的操作步骤

如何设置招财宝预约抢购？其具体操作步骤如下所述。

第一步：在电脑端登录招财宝，招财宝的官方登录地址为：https://zhaocaibao.alipay.com。你也可以在你的支付宝界面里的财富中心，点击“招财宝”直接登录。如果你的支付宝里没有“招财宝”按钮，你需要在支付宝首页搜索框内输入“招财宝”，即可添加“招财宝”到支付宝的财富中心。

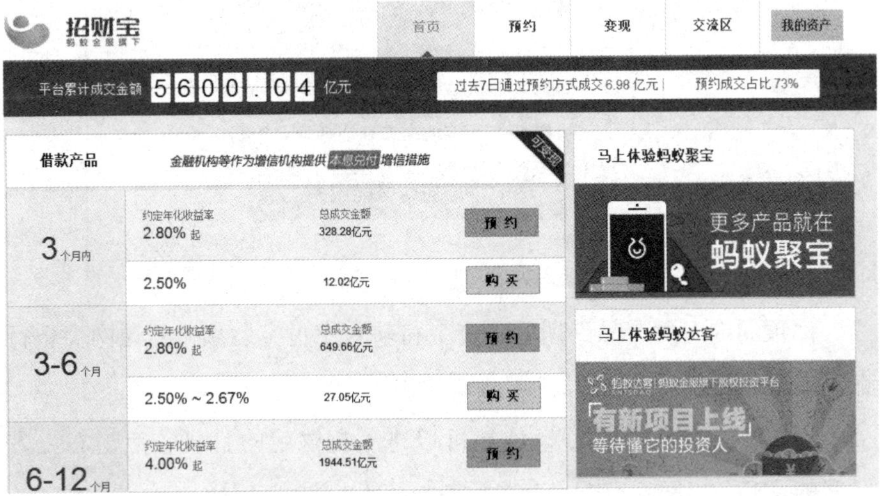

第二步：点击招财宝首页界面上方的“预约”按钮，进入“预约”界面。填写预约抢购目标，包括约定收益率、期限、产品类型，选择是

否仅预约可变现产品，设置预约抢购金额，点击“申请预约”按钮。

需要注意的是：预约金额最低100元，若余额宝资金不足100元则提示充值后再预约。

第三步：进行预约购买确认，输入支付密码，点击“同意协议并确定”，设置成功，等待系统自动抢购即可。

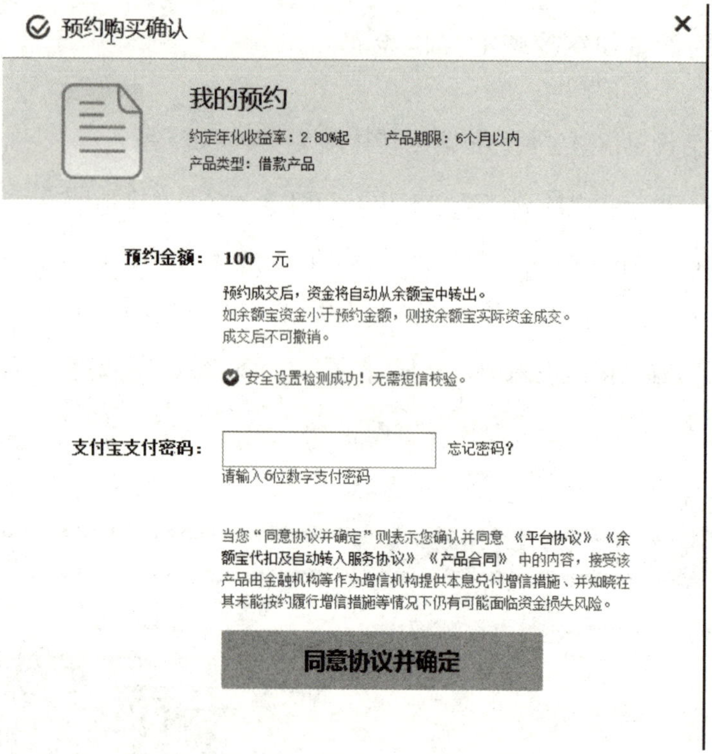

你预约的理财产品到期后，资金将转入支付宝余额，开通网商银行账户的用户可转入余额宝。

设置预约抢购成功后，你还可以进入招财宝的首页，点击右上方“我的资产”界面，点击“查看预约”按钮，即可查看你的预约记录。

如果你想取消预约抢购，进入“预约”界面，点击“取消预约”按钮，输入支付密码即可取消预约抢购。

■ 预约成功后，系统如何抢购

按照上述方面设置预约抢购成功后，招财宝系统开始为你进行排队抢购。排队期间资金仍在余额宝中，可以继续享受收益，也不影响余额宝其他消费支出等功能。

一旦招财宝系统匹配到符合你设置要求的产品，则会自动下单购买。扣款时如果当前余额宝资金小于设置时的预约抢购金额，则按照实际余额宝金额成交。

5.5 如何申请变现

变现是用户急需用钱时，基于自己已持有的可变现资产通过招财宝平台发布借款申请，由保险公司进行风险评估并且提供还款保障措施，由借出人直接向借入人借出资金的“个人贷”直接融资项目。

用户作为变现申请人发起变现借款申请后将生成一笔“个人贷”借款，其他用户通过招财宝平台购买或预约购买该笔借款后，实质是将相应资金出借给变现申请人，从而满足变现申请人获得现金的需求。变现利率随市场波动，以实际成交为准。如果产品持有时间过短，申请变现则可能造成资金损失。

■ 申请变现需要满足哪些条件

自打招财宝面世以来，就以“随时变现”的主打理财功能吸引人们的眼球。那么，招财宝真的能随时变现吗？需要满足哪些条件呢？

简单来说，招财宝在定期理财的基础上进行创新，赋予其随时变现的功能，从而将定期变为活期，而且能够享受原来定期的高收益。招财宝虽然可以随时变现，但是需要满足下列六个条件。

在支持变现的产品中，借款产品、基金产品、交易所挂牌发行产品在起息日后的第一个自然日0点起可申请变现；保险类产品在犹豫期过后的第一个自然日0点起才能申请变现；已经申请退保，或者在退保申请中的保险类产品无法申请变现；同理，保险类产品申请变现后，不能再进行退保操作。

变现借款可支持保险类资产、借款产品、基金产品、交易所挂牌发行产品等，每只产品开放本功能的进度有差异，产品信息上注明“可变现”字样即支持本功能，其他产品敬请期待。

所有产品必须距离到期日的剩余期限在1天以上（含）才可申请变现。

完成实名认证的余额宝用户才能申请变现。

已持有的产品金额少于100元（含）的不能申请变现

支付宝账户收付款未受限制且账户状态正常的才能申请变现。

■ 变现借款的费用

变现成交后需缴纳一定的平台服务费和保险服务费。详见下表的招财宝平台变现收费规则。

借款类产品收费规则表

借款类产品（个人贷、中小企业贷等）	变现费率
	0.2%（其中0.1%为变现平台服务费、0.1%为变现保险服务费）

非借款类产品收费规则表

非借款类产品（包括万能险、理财计划、债券、保本混合基金、债权转让、收益权转让、定向融资工具、直接债务融资工具等）	第1～12次变现费率	第13次及以后变现费率
	0.2%（其中0.1%为变现平台服务费、0.1%为变现保险服务费）	0.5%（其中0.4%为变现平台服务费、0.1%为变现保险服务费）

■ 申请变现的操作步骤

招财宝申请变现的具体操作步骤如下所述。

第一步：在招财宝首页的右上方点击“变现”按钮，进入“变现”界面。

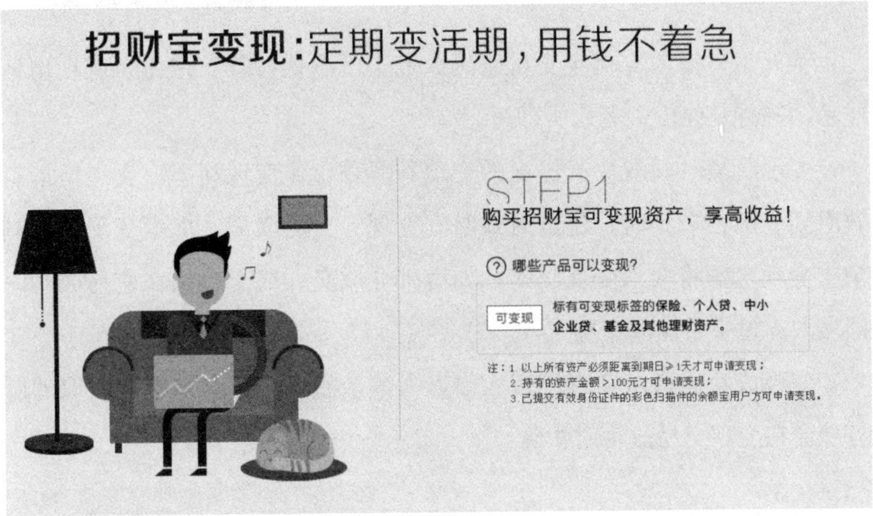

第二步：在“变现界面”下面，点击“立即购买”按钮，系统自动跳转至支持变现借款的产品购买界面。

第三步：在支持变现借款的产品右侧点击“购买”按钮。选择合适的期限、起购金额，查看可变现的天数，选择适合你的产品，点击“购买”按钮。

第四步：进入“购买”界面，查看约定年化收益率、投资期限、产品类型等信息，在右侧输入购买金额，点击“确认付款”按钮。

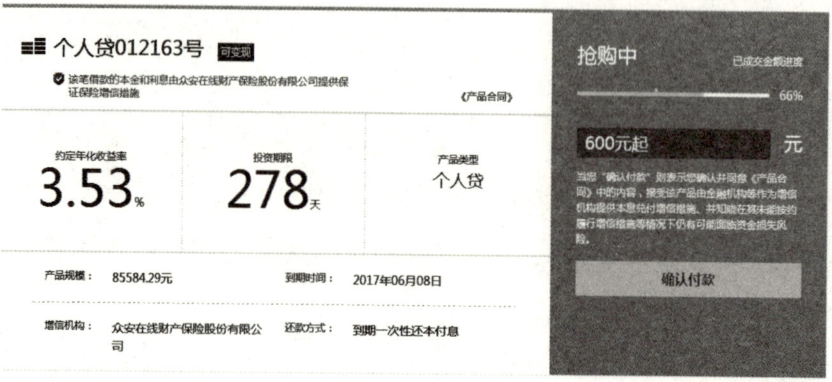

第五步：输入支付宝支付密码，点击“确认付款”按钮，变现申请成功，等待其他投资者购买即可。

变现所需时间取决于提交的变现利率和市场变现利率。变现申请有效时间一般为72小时，超过有效时间变现会自动取消。取消变现后，剩余未变现金额将取消变现交易，如有部分成交，成交金额在交易成功时即转入支付宝余额或余额宝。

变现成功后资金会直接转入借入人的余额宝。招财宝平台收取的服务费会在变现交易成功时扣除。

■ 最高可变现金额计算

招财宝最高可变现金额，根据理财产品的不同，计算方法也有所不同。下面一一向大家演示招财宝几大理财产品的最高可变现金额的计算方法。

（1）万能险产品

万能险产品最高可变现金额的计算公式为：

万能险最高可变现金额=（本金+保底收益）÷（1+变现利率×变现借款的计息期限÷365）

比如，你投资2000元持有1年期保底年化收益率2.5%的万能险产品，你在持有180天时申请变现，你变现借款的计息期限是365−180=185天，假设变现利率为6.0%，以变现服务费为0.2%举例来计算。

你可以申请的最高可变现金额＝[2000×(1+2.5%)] /（1+6.0%×185/365)=1009.85元；变现服务费=1009.85×0.2%=2.01元；你成功变现最高实际到账金额为：1009.85−2.01=1007.84元。

（2）借款类产品

借款类产品最高可变现金额的计算公式为：

借款类产品最高可变现金额=（本金+约定收益）÷（1+变现利率×变现借款的计息期限÷365）

比如，你投资2000元持有1年期约定年化收益率5.5%的借款类产品，你持有180天时申请变现，你变现借款的计息期限是365−180=185天，假设变现利率为5.0%，以变现服务费为0.2%举例来计算。

你可以申请的最高可变现金额=[2000×(1+5.5%)]/(1+5.0%×185/365)=2057.53元；变现服务费=2057.53×0.2%=4.12元；你成功变现最高实际到账金额为：2057.53−4.12=2053.41元。

（3）分级债基金产品

分级债基金产品最高可变现金额的计算公式为：

分级债基金产品最高可变现金额=（本金+约定收益）÷（1+变现利率×变现借款的计息期限÷365）

比如，你投资2000元持有6个月（假定为180天，实际天数按月份确定）约定年化收益率5.6%的分级债基金产品，你持有90天时申请变现，你变现借款的计息期限是180−90=90天，假设变现利率为5.0%，以变现服务费为0.2%举例来计算。

你可以申请的最高可变现金额=[2000×(1+5.6%×180/365)]/

(1+5.0%×90/365)=2039.6元；变现服务费=2039.6×0.2%=4.08元；你成功变现最高实际到账金额为：2039.6-4.08=2035.52元。

（4）保本浮动性基金产品

保本浮动性基金产品最高可变现金额的计算公式为：

分级债基金产品最高可变现金额=本金÷（1+变现利率×变现借款的计息期限÷365)

比如，你投资2000元持有1年期保本浮动基金产品，持有180天时申请变现，你变现借款的计息期限是365-180=185天，假设变现利率为5.0%，以变现服务费为0.2%举例来计算。

你可以申请的最高可变现金额=2000/(1+5.0%×185/365)=1941.75元；变现服务费=1941.75×0.2%=3.88元；你成功变现最高实际到账金额为：1941.75-3.88=1937.87元。

（5）由金融机构或担保公司保障本金及收益的交易所类产品（包括收益权转让、债券、债权转让等）

如果产品收益类型为约定年化收益率类型，最高可变现金额的计算公式为：

交易所类产品最高可变现金额=（本金+约定收益）÷（1+变现借款利率×变现借款期限÷365)

比如，你投资100000元持有1年期预期（约定）年化收益率7%的收益权转让产品，该产品由担保公司保障本金及收益的到期兑付，你持有180天时申请变现，你变现借款的计息期限是365-180=185天，假设变现利率为5.5%，以变现服务费为0.2%举例来计算。

你可以申请的最高可变现金额=100000×(1+7%)/(1+5.5%×185/365)=104098.09元；变现服务费=104098.1×0.2%=208.20元；你成功变现最高实际到账金额为：104098.09-208.20=103889.89元。

■ 变现需要注意的问题

招财宝的随时变现功能很强大，让理财变得更灵活，有很多人钻了随时提现的空子，在利息高的时候转入、利息低的时候转出，通过“变现”来赚取利息的差价。虽然变现很灵活，但是招财宝的随时提现功能并不那么完美，还存在一些问题，如下所示。

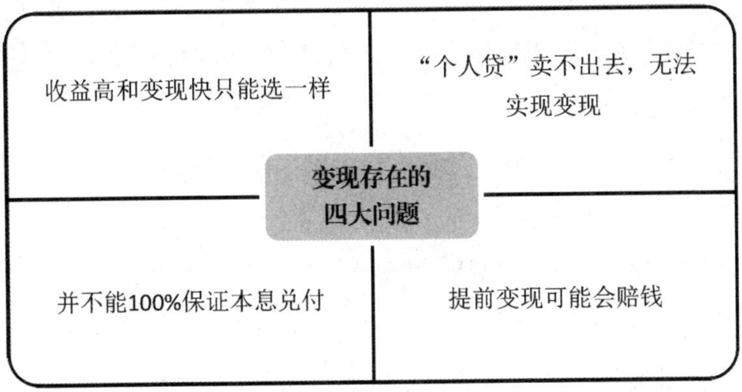

（1）收益高和变现快只能选一样

申请人可以自己决定变现的时间和利息。但申请人想要快速地变现，只能舍弃一部分利息；如果想要收益不受损，就只能把提现时间延长。

（2）“个人贷”卖不出去，无法实现变现

变现是投资者发起借款申请后将生成为一笔“个人贷”借款，其他用户通过招财宝平台购买或预约购买该笔借款，实质是将相应资金出借给变现申请人。那就存在变现生成的“个人贷”卖不出去的可能，如果没人买，那这个变现也就实现不了。

（3）并不能100%保证本息兑付

很多理财者认为只要把手中的理财产品变现，就能直接拿到钱，就可以全身而退了。然而，事实并非如此。

举个例子，陈先生手中有份万能险想要变现，恰巧张小姐想做理财，就和张小姐商量变现。但是，这里的变现并不是陈先生把万能险卖给张小姐，而是向张小姐借一笔钱。实际上，理财产品的原始合约还是写张先生名字，承担风险的依然是张先生。这就意味着，如果产品的后期收益没有达标，陈先生就要自掏腰包给张小姐补钱。

假如陈先生和张小姐在讨论变现时，陈先生给出的是5%的年化收益，这个利率实际上是约定利率。可是万能险是预期收益，能保证的只有2.50%。就是说，如果后期产品没有达到5%的收益，那么陈先生就要自己掏钱补齐张小姐的收益。

虽然很多理财产品都有金融机构提供保障，保证本息兑付，但是也不能忽视风险发生的可能。

（4）提前变现可能会赔钱

如果投资者想要快速变现，就要付出较高的利息。其次，变现一旦成功，交易平台还要收取成交金额0.2%的服务费。所以，提前变现可能会影响收益，甚至赔钱。

招财宝的变现有一个最高可变现金额，实际上这也就是用户变现成功后最多能拿到多少钱。通过计算公式计算后，便可知道变现成功最后能拿到多少钱。

5.6 如何查询招财宝资产

查询你的招财宝资产操作步骤非常简单。在招财宝首页的右上方点击“我的资产”按钮，进入“我的资产”界面，即可查询你的招财宝资产详情。可查询昨日收益、总金额、持有资产、历史资产等信息。

本章精彩导读

什么是存金宝
存金宝与黄金投资
如何买入存金宝
如何查询收益
如何转出存金宝里的钱
黄金投资的风险特征
如何巧妙应对黄金投资的风险

第 6 章　存金宝，买卖黄金实现“金生金”

存金宝的出现为人们提供了一个新的买卖黄金的去处，具有简单易操作、安全风险低、收益相对高的特点。从某种程度上说，存金宝将极大地改变传统的黄金买卖方式。

6.1 什么是存金宝

2014年12月18日，支付宝联合博时基金推出了一款互联网黄金存取业务，用户只要登录淘宝理财便可发现存金宝项目。用户可以通过存金宝买卖黄金获得收益，这是一款相对大众化，门槛低、成本低、快捷简单的黄金买卖服务。即使是“小白”用户，也能很快上手。

用户不用去金店之类的场所购买实物黄金，免除来回奔波劳累，同时也避免了购买假黄金等风险。因此存金宝推出后，颇受用户喜爱。

存金宝对接的是博时基金旗下的博时黄金ETF基金。这项基金以黄金交易所的黄金现货合约等品种投资为主，且投资黄金现货合约的比例不少于基金资产净值的90%；另外，黄金现货租赁业务也占一部分比重。黄金租赁业务所获得收益，会不定期以分红再投资的方式分给用户，这就使得黄金资产可以生息。

作为一款具有创新性的理财产品，存金宝相比传统的黄金买卖具有很多优势，因此自推出以来，颇受广大投资理财者喜爱。其具体优势如下所示。

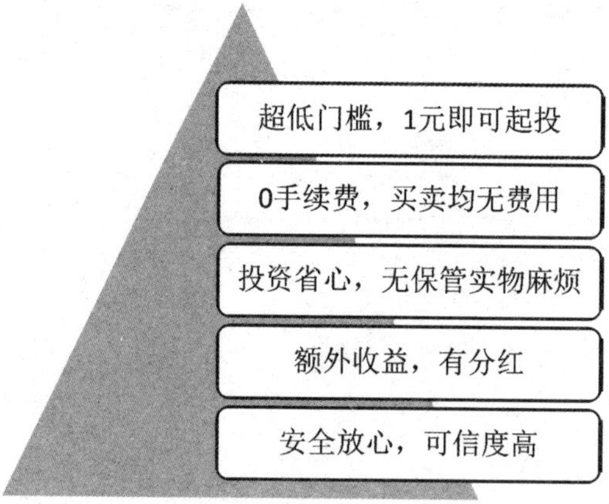

6.2 存金宝与黄金投资

众所周知，黄金是财富和身份的象征，在人类文明史上占据很重要的地位，对人类社会的进展产生了深远且意义重大的影响。

当然，更多时刻，黄金是扮演着货币的角色，价值相对稳定，且具有抵抗通胀的特征。因此，百姓通常会购买黄金来分配资产，优化投资组合，以达到抵抗通货膨胀、分散投资风险的目的。

与传统的黄金买卖相比，存金宝创新性将黄金买卖搬到了互联网上，且投资门槛降低为1元，使得黄金买卖大众化、平民化，人们足不出户即可买卖黄金，且不受时间限制，黄金买卖也因此呈现普及化的趋势。

存金宝与传统黄金买卖的对比

名称	存金宝	传统黄金买卖
起步门槛	非常低，1元即可起投	实物金条通常克数很高，起买要数千元
保管方面	无实物保管麻烦，安全方便	保管麻烦，如果存入银行保管，需支付相应费用；且黄金作为财富，不易外露，因此给储存带来不便，甚至会带来安全隐患
收益方面	除了黄金价格上涨带来的收益外，还可以“金生金”	只有黄金价格上涨带来的收益
其他方面	买卖均无手续费，另外还可以用存金宝克数换购实物金条或者饰金，可去金店实体店自取，也可以由快递邮递	回收成本高，人工、熔制等费用都会摊到金价上。另外，实物黄金向来“易买难卖”，短时间内很难找到合适的买家

虽然相比存金宝，实物黄金的买卖存在不少劣势，但后者的优势在于黄金是由自己来保管，踏实放心。

综上，存金宝为百姓提供了一个新的买卖黄金的方式，具有简单易操作、安全风险低，且收益相对高的特点。从某种程度上说，存金宝将极大地改变人们传统买卖黄金的方式，假以时日，存金宝必然会迎来更广阔的发展空间。

6.3 如何买入存金宝

买入存金宝，首先你要有个经过实名认证的支付宝账号。买入存进宝的步骤如下所述。

（1）打开支付宝官网，登录支付宝账号，找到“财富中心”。

（2）点击“存金宝”，即可进入存金宝官网，然后点击“立刻买入”，会出现一个有趣的“投资风格小测测”，按照实际情况进行填写。当然，如果你对自己的投资风格很了解，就可以点击“跳过”。

测试完后，你大体上了解了自己的投资风格。投资风格能起到指导作用，如果你的风险承受能力较低，那么不可以选择高风险的投资项目。

但要强调的是，收藏黄金有风险，存金宝理财也有风险，这和将钱存到银行然后等着收利息是不同的，由于汇率波动、市场供求、国际局势的动荡、通货膨胀、各国经济政策等因素影响，黄金价格会出现波动。因此存金宝并非完全无风险，其风险比货币基金的风险要高，属于中高风险投资产品。这点，在决定投资存金宝时要注意。

（3）了解投资风格和存金宝理财的风险后，则可以进入操作阶段，买入存金宝。在“买入金额”输入你要投资的金额，然后点击“同意并确认付款”。

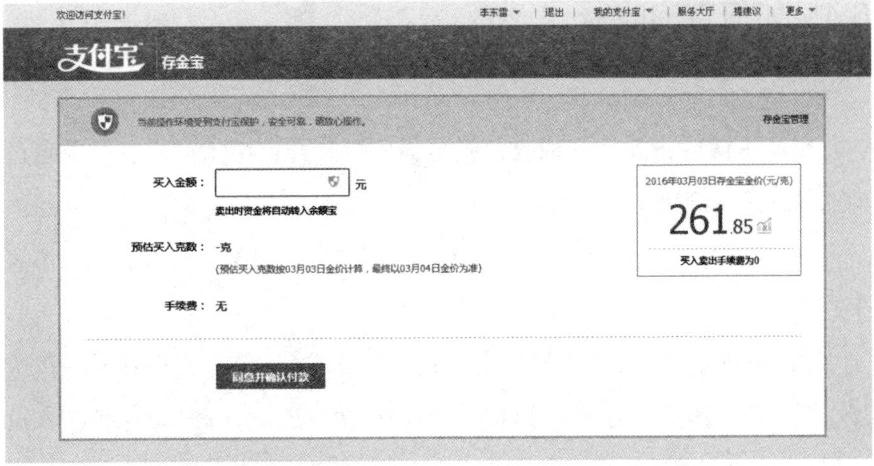

如果你是余额宝用户，可以使用余额宝余额来购买存金宝。你也可以选择其他付款方式，还可以添加新卡付款方式。

（4）点击“确认付款”，即可完成购买。支付成功后，便完成了存金宝理财的初步步骤。刚开始时，你可以购买小额资金的存金宝体验一下，等熟悉流程后，再投入大额资金。

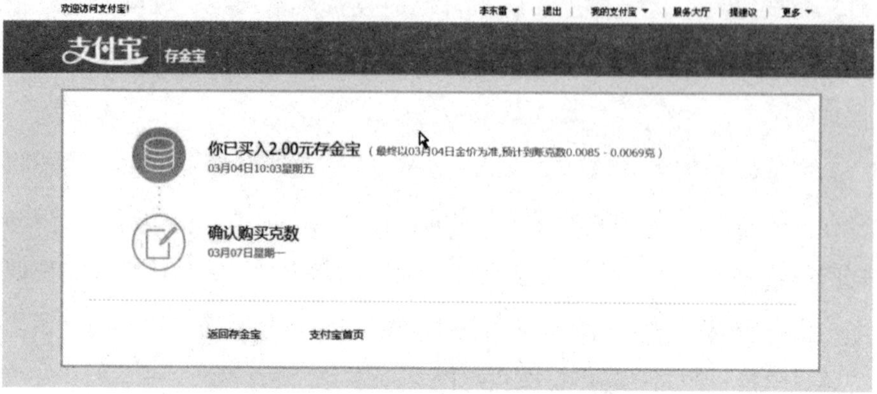

（5）返回存金宝，即可看到购买的存金宝等待确认中的信息。

6.4 如何查询收益

交易确认后，怎样查询收益呢？你可以打开存金宝界面，登录自己的账号即可看到历史累计收益。

这里需要注意的是：交易日，通常称为T日，周末以及节假日均不属于T日。

T日15:00前买入，按T日存金宝收盘金价成交，T+1日确认买入黄金量；T日15:00后买入，按T+1日存金宝收盘金价成交，T+2日确认买入黄金量；T+1指T日后的第一个交易日，T+2则指T日后的第二个交易日。如果你在星期五15:00后购买存金宝，那么这项交易则被视为下星期一的交易。所以尽量在星期五15:00前购买较为划算。

通常，存金宝会在T日，对T－1日15:00前购买的黄金进行分红；如果在T－1日15:00前将黄金卖出，则无法享受分红。存金宝每个交易日会更新分红信息，但并非每个交易日都有分红。

另外，以下这些情况也会导致无分红。

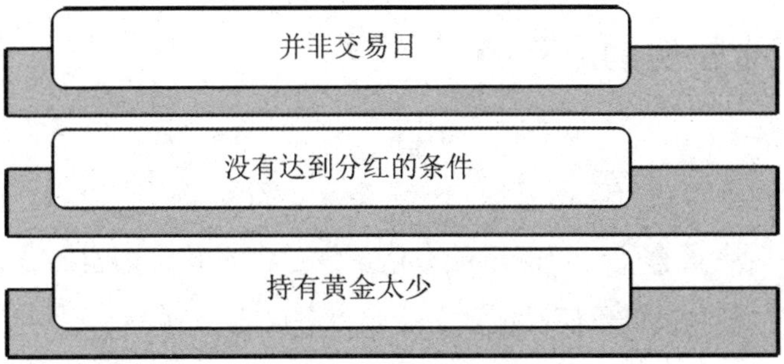

注意：持有黄金量达到0.0001克以上才会有分红展示，如果少于此量则不进行分红，但会累积到0.0001克时进行分红。

6.5 如何转出存金宝里的钱

存金宝里的钱可以随时转出，存金宝卖出后，钱会转到余额宝里，然后提现即可。

（1）登录存金宝官网，点击“卖出”。确认信息后，输入支付宝支付密码，点击“确认”，即可完成卖出。

（2）存金宝0.0001克即可起卖，上限为你所购买的量，如果是小额卖出（指卖出克数在0.1克及以下的行为），每个交易日最多只能卖出10次，而非小额卖出的次数则没有限制。

（3）如果在T日15:00前卖出，则按照T日收盘时金价价格成交，资金会在T+2日转入到余额宝；如果在T日15:00后卖出，则按照T+1日收盘时金价价格成交，资金会在T+3日转入到余额宝。

6.6 黄金投资的风险特征

股神巴菲特投资有两条原则——第一，不要亏损；第二，牢牢记住第一条。黄金具有硬通货的职能，俗话说“乱世黄金盛世玉”。在国人眼里，黄金极具投资价值，但黄金投资也有风险。

知己知彼，才能百战不殆。要想在黄金投资中规避风险，一定要了解其风险特征。黄金投资风险主要有以下六个特征。

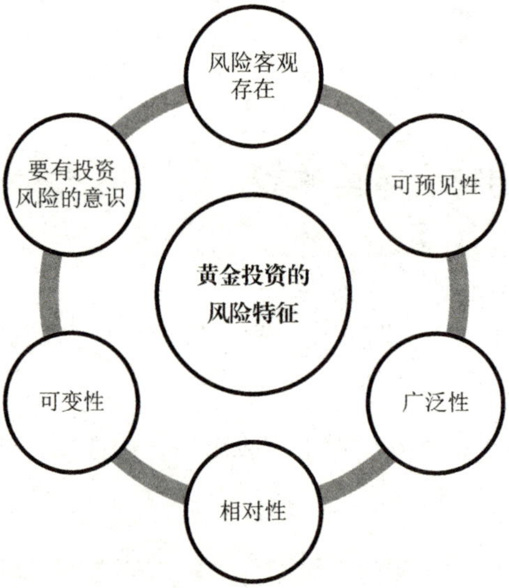

■ 风险客观存在

风险是客观存在的，受不确定因素的影响，而不确定因素是不受主观控制的。投资者都希望投资最好零风险，但这是不现实的。

投资环节是不由投资者控制的，所以黄金价格未来是什么走向，谁也不知道，但是风险依然存在。

■ 可预见性

虽然投资者不能主观控制投资风险，但是却能预防风险。投资者可以根据目前的经济形势推断出未来黄金价格的大致走向，降低投资风险。

影响黄金价格的因素有很多，比如供求关系、国际政局、通货膨胀、美元汇率、全球油价、全球经济走势、各国黄金储备量等等。

通俗点说，如果把黄金市场比作是百货商场，那么货物的多少、消费者的需求、天气原因、每个商家之间的竞争都会对价格带来影响。

■ 广泛性

黄金投资的风险几乎存在于各个环节，比如行情分析是否准确、投资研究是否谨慎、投资方案是否完善、风险控制是否可靠、投资账户是否安全、资金管理是否合理，甚至一些不可抗力的因素，都会引发黄金投资的风险。

■ 相对性

黄金投资分现货和期货两种，两者所面临的风险是不一样的。

现货就如同现房，看得到实物，只要付钱，东西就能到手。期货就如同期房，看不见实物，只能拼运气了。所以后者相对来说风险比较大，当然，收益相对要高。

黄金价格有波动是一定的，有些投资者就会想能不能既赚钱又不承担风险？

其实，投资者可以投资与黄金挂钩的理财产品，这是一种比较理想的投资方法。这些产品一般都有保本承诺，投资者购买这样的理财产品，既可实现保本，又可根据自己对黄金市场的判断进行选择，获得预期收益。

■ 可变性

黄金价格随时都在变化，所以投资黄金有很强的可变性。也许这段时间黄金价格下跌，投资者亏损；但过段时间，黄金价格上涨，实现扭亏为盈。

这种可变性不会完全消失，会根据投资者资金的盈亏增大或减小。黄金投资需要有风险管理意识，否则就是对自己的投资不负责。所以，投资者要控制风险，合理地调配资金，把损失降到最低，将风险降到最低，创造更多的获利机会。

■ 要有投资风险的意识

收益和风险并存，很多投资人都明白这一点；但是风险并不意味着赔钱，很多人不了解风险，悲观地认为有风险就是要赔钱。正是由于这种不确定性的影响，很多人谈“风险”色变，对投资市场有偏见，迟迟不敢跨出投资的第一步。

投资者要正视风险，确定自己的风险承受能力。

6.7 如何巧妙应对黄金投资的风险

在投资市场如果没有规避风险的意识，则较易失去赢利的机会，甚至出现亏损。投资者要正确认识风险，学会承担风险，然后对风险进行规避。

那么，如何才能真正降低黄金投资的风险？可以参考下面的几种方法。

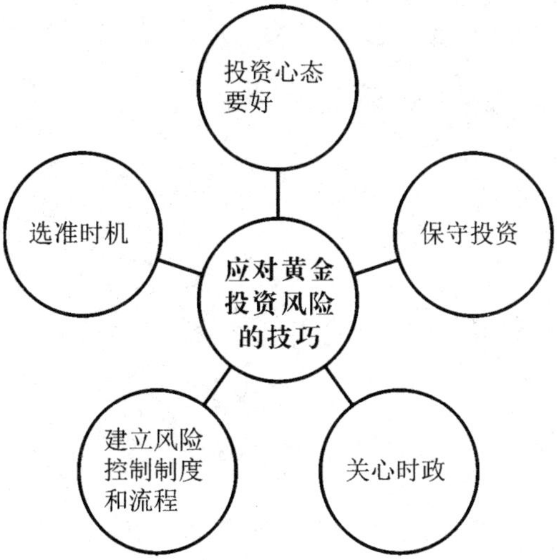

■ 投资心态要好

由于投资失败导致“天台见”的事件层出不穷。为什么会出现这种情况？首先是投资人没有正确预估风险；其次，投资人没有好的心态。

投资要理性，切勿头脑发热随大流。一个人在冷静中才能做出正确的决定。

黄金价格波动较小，投资者切勿急功近利，欲速则不达，要想收益大，投资者首先要有好的心态。

■ 保守投资

刚开始投资黄金时，应该保守投资。此时由于缺乏经验，全部投入的风险太大，等自己上手熟悉后，再考虑大规模投资也不迟。

炒“纸黄金”的话，投资专家建议采取短期小额交易的方式分批介入，每次买进10克，只要有利差就出手，这种方法虽然保守，却很适合新手操作。

如果你具有丰富的黄金投资经验，那么大可以放手一搏。在金价下跌的时候大量买进，等金价上涨后再卖出。

■ 关心时政

黄金价格与国际局势息息相关，恐怖主义造成的危机、国际油价的变化、各国央行黄金储备量等，都会影响黄金价格。因此，投资者要时刻关注时政，进而对黄金市场做出准确的分析。

■ 建立风险控制制度和流程

由于投资者自身因素导致的风险有很多，比如经营不善、财务危机等。因此，投资者应该建立完善的风险控制制度和管理流程。这样，既是对自己的资产负责，也大大降低了风险。

■ 选准时机

印度是最大的黄金消费国，每年的8月到11月，黄金需求量甚大，是投资黄金的好时机。

此外，年底是西方的感恩节、圣诞节，1月1日是各国传统的新年，黄金需求量同样大，此时黄金价格通常会有不同幅度的上涨。

本章精彩导读

什么是娱乐宝
娱乐宝的运作模式
娱乐宝和众筹究竟是不是一回事
如何购买娱乐宝项目
如何查询娱乐宝收益
如何退出娱乐宝项目
娱乐宝的投资风险分析

第 7 章　娱乐宝，投资、娱乐全兼顾

投资娱乐宝理财项目，不仅有7%的年化收益率，更重要的是，娱乐宝为投资者打造了从投资影视剧，到关注创作动态、与明星互动玩乐、购票观影，直到最终获得年化收益的一站式理财体验，提供一种全新的娱乐生活方式。

7.1 什么是娱乐宝

2014年3月26日，阿里巴巴推出了一种全新概念的理财产品——娱乐宝。娱乐宝的面世，标志着阿里巴巴正式开始向文化娱乐产业进军。

与余额宝不同的是，娱乐宝本质上是一款互联网娱乐产品和粉丝互动娱乐平台，它通过集资的方式，使用户参与到热门娱乐文化项目中。

“100元即可投资热门影视剧”“预期年化收益率7%”等广告语，在短期内即吸引了广大网民的关注。在短短的四天时间里，阿里巴巴的“娱乐宝”一期吸收了超过70万份有效订单，成功完成了7300万元的预期目标。2014年6月10日，阿里巴巴乘胜追击，推出了“娱乐宝”二期。

与“娱乐宝”一期相比，“娱乐宝”二期提高了投资项目的资金上限，由1000元提至2000元。与此同时，二期也保持了同样的预期年化收益率。在上线的数百小时里“娱乐宝”二期即全部售罄，完成了9200万元的资金目标。

通过两次发售，阿里巴巴“娱乐宝”共计筹集了1.65亿元资金。

为什么娱乐宝能取得这样的成功？我们从以下几个方面探讨其成功的原因。

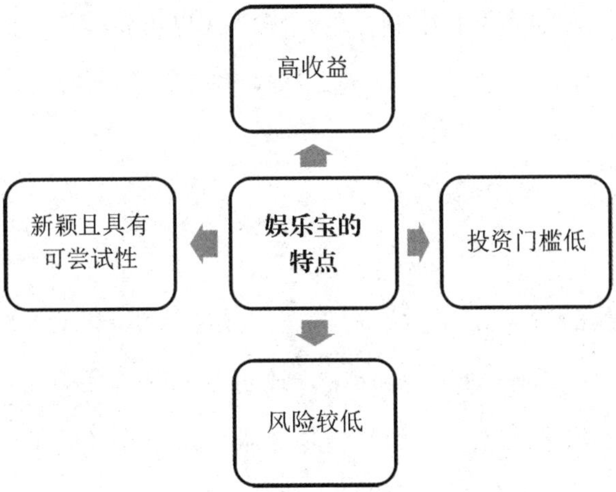

■ 高收益

现在的经济大环境是通货膨胀，物价上涨，银行利息太低，跑不赢通货膨胀，将钱存在银行里，实际上是赔钱的。娱乐宝理财产品的利率高出银行一倍多，较高的收益吸引着越来越多的投资者加入“娱乐宝”投资大军。

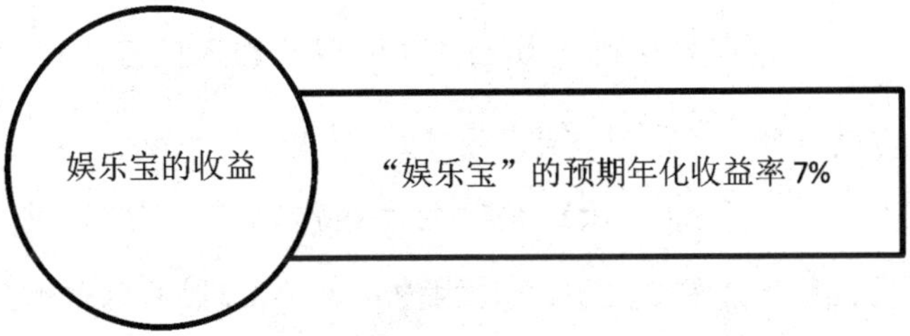

■ 投资门槛低

传统的理财产品投资金额动辄上万元甚至更高的起投金额，但是娱乐宝对最低投资额度没有限制，就是说零钱也可做投资。这种投资模式虽然没有大额投资收益高，但是却让大众体会到了理财的快乐。

■ 风险较低

和高风险的股票、期货投资不同，娱乐宝的理财产品多数比较稳健，风险比较低。在实际的操作中，还有专业的基金经理人从旁协助，进一步降低了投资的风险。但是“零风险”是不现实的，有投资就有风险，只是投资者更愿意选择风险低的投资项目。

■ 新颖且具有可尝试性

在过去，大众通常会找个经理人或者证券公司，带上钱，签署理财投资协议，理财就开始了。

现在，理财产品的“花样”越来越多，投资者的选择也越来越多，加上现在国内电影、电视产业发展迅速，很多人希望参与其中，过一把“投资人”的瘾，但是动辄千万上亿元的投资让人们望而却步。娱乐宝的出现让“过把瘾”变为可能。

互联网时代，年轻人始终是使用网络产品的生力军。这是因为年轻人勇于尝试新鲜事物。但也正是因为年轻，对理财知识知之甚少，所以，多是抱着“试试看”的心态去理财。

娱乐宝的理财产品新颖且具有可尝试性，为众多投资者打开了一扇“捞金”的大门。

7.2 娱乐宝的运作模式

“娱乐宝”一期一经上市，在短短的四天里，总共吸收了超过70万份有效订单，成功完成了7300万元的资金目标。2014年6月10日，阿里巴巴乘胜追击，推出了“娱乐宝”二期。该产品依旧保持一期的基础，并提高了每个项目的投资上限，由一期的1000元提至二期的2000元。

“娱乐宝”的成功，是电商行业在互联网金融模式上的大胆尝试，关于它的运作模式值得投资者们去了解和研究。

实际上，“娱乐宝”通过保险渠道将所筹集的资金给予信托基金公司，再由信托基金公司将这笔资金投放在影视、网游等项目。下图为娱乐宝的运作模式图。

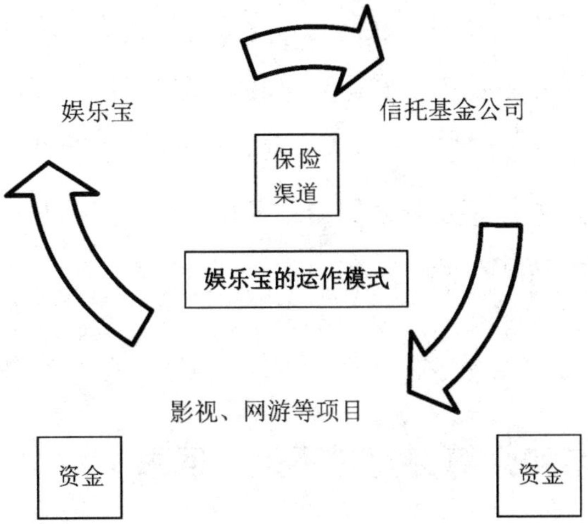

具体来说，娱乐宝是阿里巴巴与国华人寿保险公司合作推出的一款名为“国华华瑞1号终身寿险（投资连结型）A款”的产品。该产品与其他的保险产品一样，能够给予投保人意外身故的保险金。

然而，该产品除了具有保障的功能外，同时兼有投资的功能。国华人寿保险公司将筹集的保费通过信托基金的渠道投资于电影和网络游戏等项目中，这些投资活动的收益多少直接决定了该产品的收益。

在保险学上，这种保险产品称为投连险，其更倾向于以投资为目的，属于保险公司提供的一种新型理财产品。

值得注意的是，“国华华瑞1号终身寿险（投资连结型）A款”（即娱乐宝）具有7%的预期年化收益率，但是存在着较高的风险。再加上没有投资担保公司进行担保，从本质上来说，娱乐宝属于高风险的理财产品。

据相关新闻报道，“娱乐宝”一期投资的项目有四部国产电影和一个网络游戏，二期投资的项目包括五部国产电影。由此可见，电影是娱乐宝重要的投资对象。

但是根据相关数据统计，国产电影在2007年至2013年累计的投资回报率约为-42%，整体处于亏损状态。与此同时，成功上映比率仅约为5%，绝大部分国产电影最终无法在影院上映。尽管近几年国产电影上映比率有所提高，但年均也不超过10%，这意味着每10部国产电影里只有一部能成功上映。虽然电影市场的票房每年都在增长，但这并不能否定投资国产电影存在着极高风险的事实。

7.3 娱乐宝和众筹究竟是不是一回事

由于娱乐宝本身所具有通过向大众集资然后再用这笔资金进行电影拍摄、游戏开发的性质，因此，许多人认为娱乐宝其实就是一个“披着保险外衣”的众筹。尽管娱乐宝与众筹有很多的相似性，但两者之间仍存在很多差异。

■ 娱乐宝和众筹相似之处

众筹模式最早起源于Kickstater，目的是为了能够帮助那些有梦想的艺术家通过大家的筹资有表演的机会。众筹模式的不断发展，使其逐渐衍生出电影众筹、新闻众筹、科技众筹、公益众筹等多个方面。随着众筹的推广，众筹开始越来越多地进入大家的视线。

众筹的支持者可以通过参与投资项目来获得相应的回报，这是众筹固有的回报机制。娱乐宝也是一样，大家通过对自己喜欢或者感兴趣的电影进行投资，最终可以获得收益。所以娱乐宝和众筹在某种程度上来说，还是有相似之处的。

它们的相似性具体体现在以下几个方面。

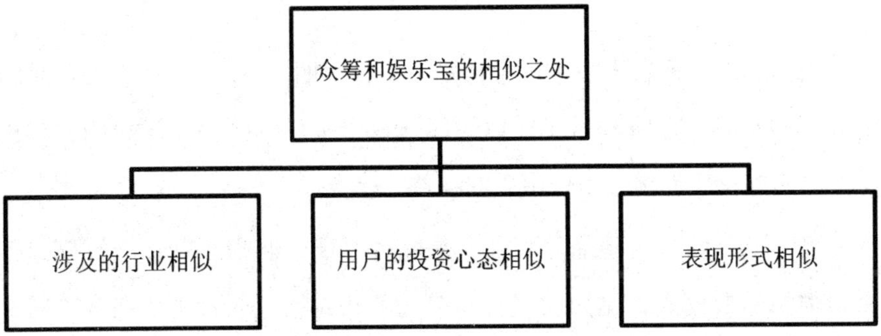

（1）涉及的行业相似

电影、游戏、音乐等领域，娱乐宝和众筹都有涉及。并且按照现在的发展趋势来看，两者以后在此类行业的参与会越来越多。众筹很早就涉足电影领域了。2014年，众筹网上就有一个关于拍摄《快乐男生》电影的项目，还获得了不少支持。

（2）用户的投资心态相似

与其他理财方式不同，众筹和娱乐宝的用户并不是全部以营利为目的。众筹更注重的是新奇的项目，用户被项目发起者的梦想感动，愿意为他的梦想投资。就娱乐宝而言，就算按照7%的年化收益率，但是娱乐宝有投资的上限，因此最后所获的收益没有多少。可见，两者的投资者都不是单纯为了收益，众筹为了梦想而投资，娱乐宝为了娱乐而投资。

（3）表现形式相似

娱乐宝和众筹都把选择权放在了大众手里，让投资者自己选择感兴趣的项目，并且都有合理的回报机制，都具有利用媒体的属性，所以两者的表现形式相似。

■ 娱乐宝和众筹的不同之处

阿里巴巴官方曾发表了一个特别声明，声明中说："娱乐宝并不是当前流行的众筹。众筹项目不能以股权或者资金作为回报，项目的发起人更不能向支持者许诺任何资金上的收益。"

事实上，两者真正的差别并非是能否以现金回报。现在众筹模式也有类似的回报模式，比如股权众筹模式。2014年，联合光伏在众筹网上发起了总金额1000万元的众筹，计划建造全球最大的太阳能电站，就是以股权形式作为回报的，即只要你参加了此项目的众筹，就可以得到相应的股份。

即便如此，两者间差别仍有很多。娱乐宝并不是真正的众筹，可以从以下三个方面来分析。

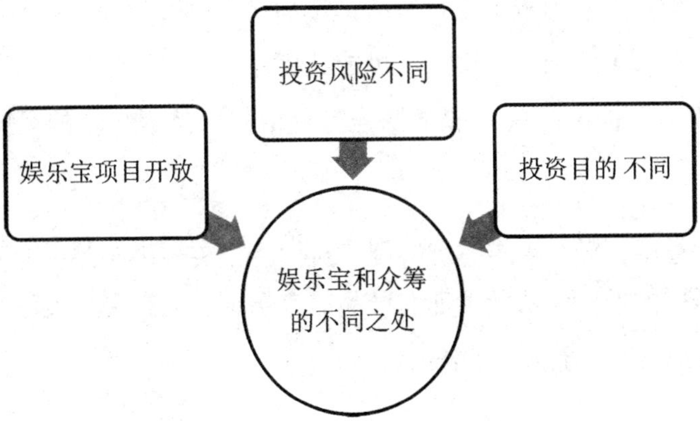

（1）娱乐宝项目开放

众筹项目对筹集资金的时间有要求。项目发起人在预定时间内筹集到目标资金，众筹才算成功，否则就算失败，筹集到的资金会返还给投资者。因此，众筹成功是有条件的。但是，娱乐宝的条件就开放多了，娱乐宝只规定用户购买的上限，并不要求项目一定要筹集到多少资金才算成功。这是两者的本质区别。

（2）投资风险不同

从阿里巴巴官方的声明和众筹的概念来看，两者对于投资者而言，好像都不保本，是有风险的。而投资者理财是想赚钱的。众筹由于有条件限制，一旦众筹失败，投资会返还给投资人；但是由于娱乐宝属开放项目，因此，用户承担的投资风险也更大。

（3）投资目的不同

娱乐宝的投资是“锦上添花”，据了解，娱乐宝上目前几个项目都有稳定的投资，用户的集资只占一小部分。但是，众筹是希望投资者“雪中送炭”，项目的发起人希望得到大家的支持来实现自己的梦想。

比如说娱乐宝新推出一个电影项目，需要集资，但是这个项目的购买量特别少，最后电影上映，票房也特别差，交出一份让人失望的成绩单。那么购买了此项目的用户，可能就会亏本。虽然这只是个例子，实际上出现这种情况的概率非常低，但是由此可见娱乐宝的风险比众筹要高。

总的来说，娱乐宝是众筹的因子，但是不是真正意义上的众筹。但是，娱乐宝的推出，活跃了理财产品的市场，让大家更加关注互联网理财，各种理财网站也迎来了春天。

7.4 如何购买娱乐宝项目

对于粉丝来说，娱乐宝可以充分满足他们的娱乐需求。购买娱乐宝，意味着你本人不仅有机会去剧组探班，还有机会亲临影视剧的主创见面会、拥有独家授权发行的电子杂志，以及获得明星签名照和与明星近距离互动等。换句话说，在娱乐宝里，你和明星之间的一切都有可能发生。

既然娱乐宝有这么多“福利”，那么应该怎样购买娱乐宝呢？

购买娱乐宝的具体操作流程如下所述。

第一步：打开淘宝，在首页输入“娱乐宝”。在搜索到的“娱乐宝”界面上，点击“进入主页”按钮，即可进入娱乐宝主页。

第二步：在娱乐宝主页，查看你感兴趣的项目，点击该项目，即可查看项目详情。

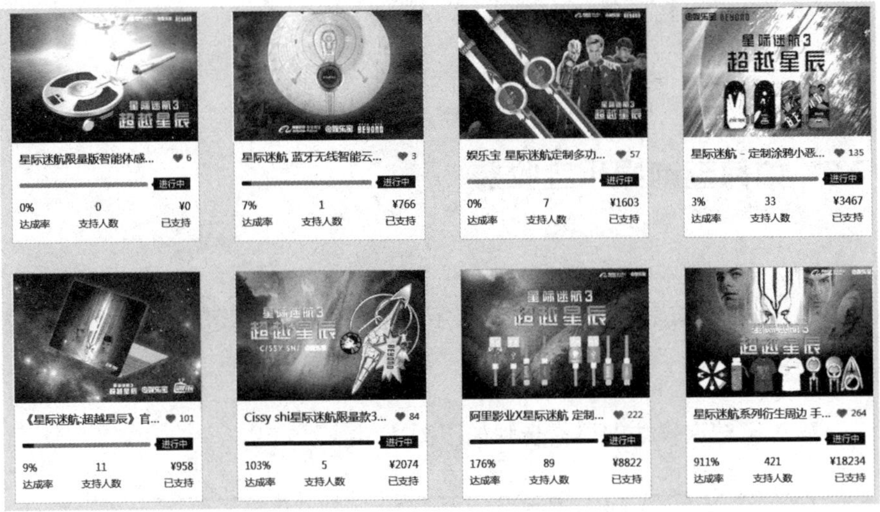

第三步：认真查看项目详情，确认自己的投资意向，点击右侧的“我要支持”按钮。

第四步：选择你的预购回报，点击右上角的“支持”按钮。

第五步：确认订单，勾选“我已阅读了解并自愿承担相应风险”，点击“提交订单”按钮。输入支付宝支付密码，点击“确认付款”按钮，娱乐宝项目购买成功。

7.5 如何查询娱乐宝收益

很多人不知道在哪里查看娱乐宝收益，接下来就教大家如何查看娱乐宝收益。

娱乐宝查询收益的操作步骤如下图所示。

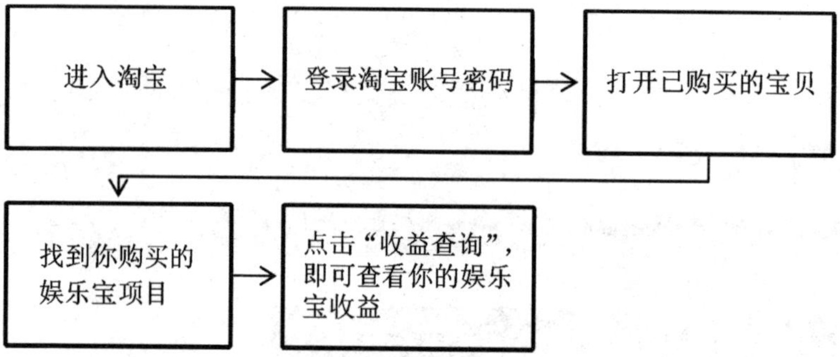

7.6 如何退出娱乐宝项目

有些投资者购买娱乐宝之后，由于某种原因想要把娱乐宝里面的钱取出来，但是不知道如何退出娱乐宝项目。下面给大家介绍一下娱乐宝的退款流程。

第一步：登录淘宝，点击“我的淘宝”按钮，点击左侧的“已买到宝贝”按钮。

第二步：在订单里找到你所购买的娱乐宝项目，点击一下，即可查看淘宝保单详情。

第三步：点击“赎回”按钮，输入支付宝支付密码，即可成功退出。

7.7 娱乐宝的投资风险分析

任何投资都是有风险的，就算是看起来稳赚的项目也是一样。《小时代3》让投资者尝到了一定的甜头，但是《小时代4》却因为柯震东的“吸毒门”造成了不小的损失，投资了《小时代4》的网友会想：“我的钱是不是打水漂了，100元钱还能拿回来吗？”

“全民娱乐，你也是出品人！”是娱乐宝打出的广告语，电影“出品人”头衔的诱惑力确实很大，可你真正了解过风险吗？娱乐宝投资主要有以下几种风险。

■ 收益风险

娱乐宝之所以比余额宝更具吸引力，不仅是因为产品形式新颖，更重要的是娱乐宝的收益高出余额宝很多。

俗话说，投资有风险，理财需谨慎。零风险的投资是不存在的，想要收益高，对应的风险也大。虽然目前娱乐宝给出的收益率非常诱人，但是只是个预期收益率，投资者最终能否获得相应的收益，还有待考证。也就是说，“理想很丰满，现实很骨感”。理论上年收益率可达7%，实际情况可能并非如此。娱乐宝和其他理财产品一样，收益存在极大的不确定性。

■ 电影产业风险

娱乐宝所推出的项目，大部分都集中在电影领域。因此，该项投资的收益受电影产业的单一行业风险影响可想而知。电影票房的增长与电影投资收益率并不存在正相关关系。

就像“赌石”一样，花大价钱买来一块石头，结果切开里面什么都没有，则意味着亏损惨重。每年有很多电影因为各种各样的原因无法搬上大银幕，对于投资者来说，投资无异于打水漂。

说到底，娱乐宝也是理财产品，存在风险。其主要风险有：

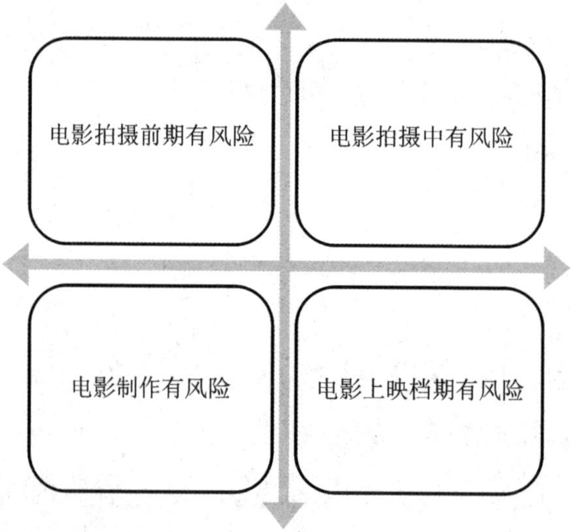

（1）电影拍摄前期有风险

第一个风险就是选角风险，电影中每个角色让谁来演，该艺人是否有档期，每个艺人的片酬又如何商定，每一项都涉及到时间和经济成本。不论哪一步出现意外，都会无形中增加电影的经济成本。

（2）电影拍摄中有风险

拍摄地点的取景、拍摄场地的布置、电影拍摄计划，甚至剧组员工工作的安排，这些都是客观存在的问题。一旦电影开机，每天都会产生费用，拍摄时间越长，费用越高，成本越高。

（3）电影制作有风险

电影拍完就万事大吉了？大错特错！每部电影都有后期制作环节，这要花时间和费用。制作完成后，在正式公映之前，广电总局要审查，不合规定的电影就要返回重新制作，无形中又增加了成本，甚至很多电影没通过审查，无法上映。

（4）电影上映档期有风险

电影上映档期很重要，暑期档和贺岁档无疑是捞金旺季，但竞争也非常大，如果和更加优秀的作品撞期，只能自求多福了。这就是为什么有很多电影上映档期一延再延的原因，电影一定要找一个有利于获得高票房的档期。

如果投资者纯粹是为了追星或者感兴趣而参与，那么风险就不那么重要。但是，如果把电影作为一个可盈利的项目来投资，就要考虑多方面的影响因素了。

如果投资者的投资知识比较薄弱，那么建议这类投资者把目光转向基金、保险等比较稳健的投资项目，风险相对较小。

本章精彩导读

为何要买保险理财
什么是淘宝保险理财
常见的淘宝保险理财品种
如何购买淘宝保险理财
强大的重大疾病险：关爱宝
如何购买淘宝退货运费险
淘保包：3C数码购买有保障
淘车保：买了汽车配件，让你安装无忧
如何购买物流破损险
创新保险产品：创新汇
购买保险注意事项

第 8 章　保险理财，保障收益两不误

淘宝保险理财的出现，让网购族的保险理财变得更加便捷和简单。在淘宝保险平台上，除了有常规的保险产品外，还可以购买淘宝特有的保险产品，比如关爱宝保险、退货运费险、淘保包、淘车保、物流破损险、淘宝创新保险等保险产品。

8.1 为何要买保险理财

人从出生到老都在消费，但可用于赚钱的时间是有限的。在这有限的时间里，我们不但要保证日常的开销，还要顾及孩子的教育和自己的养老问题。然而当风险来临，这一切都会受到极大的影响。所以，我们要及早做规划，为未来做准备。

个人理财计划中不可缺少一个保险计划。无论是房子、汽车等有形资产，还是你自己的生命和健康都属于你的财产的一部分。如果你已经为这一切财产购买了保险，就能极大地降低风险，为你自己和家人带来保障。

如果你自己不懂得理财，又不想冒风险，那保险理财是一个不错的选择。

■ 平时当存钱，有事不缺钱

保险最大的用途就是：平时当存钱，有事不缺钱。

保险，就像是一个女人的丈夫，在最需要他的时候及时出现，解决困难；同样，保险也好比是一个男人的妻子，在最需要安慰的时候，春风送暖。

世界上有两种事情是不能控制的，一个是意外，一个是疾病。因此要未雨绸缪。小偷不一定会来光顾，但我们还是会安装防盗门；天不一定下雨，但雨伞却是我们必备的物品；风险并不一定会发生，但保险却不能不买。

总体来说，保险能解决人生的三大忧患。

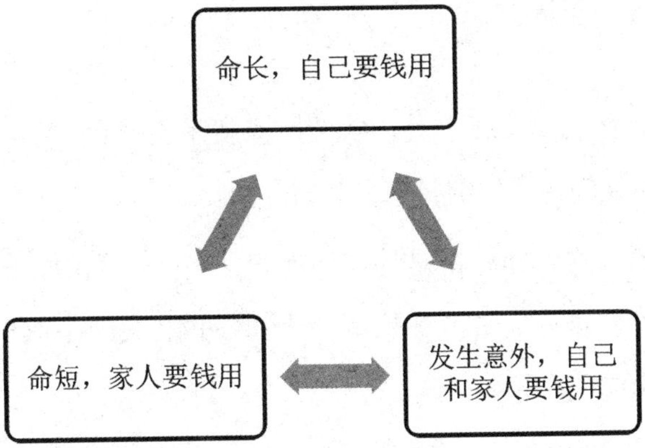

人难免会受到疾病的困扰，而明智的人懂得防患于未然。为自己和家人参加医疗保险是重要的保障措施。

保险还可作为子女教育基金。利用保险提存教育基金有两大好处：

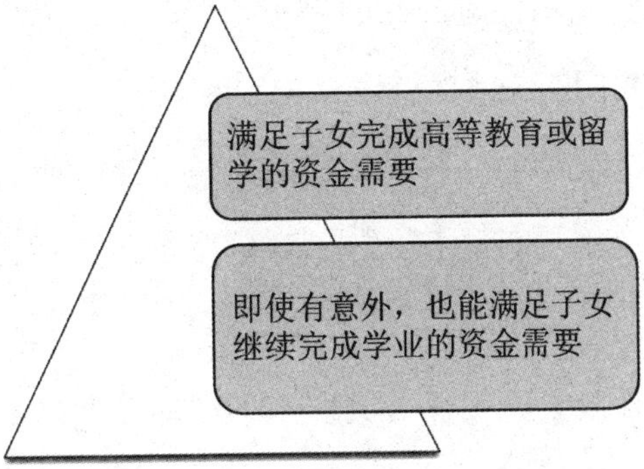

有时候，保险是一些人对另一些人要继续生活下去而负起的责任！参与保险互助基金，平时的一点付出，胜过灾难时的千百倍祈祷。

给自己买保险，可以让你在年老时仍保持经济独立和个人自尊。有了这份保险，不但能减轻子女的负担，而且也会抬高自己的身价。

因此，一定要趁年轻还有能力赚钱的时候为自己买份保险。

■ 保险理财=保障+投资

保险是一种风险管理工具，所谓风险就是不确定性，我们面临最大的风险就是不能知道自己的将来会如何。

我们对未来的无知，不是地球还能存活多久的问题，而是不知未来会否失业，不知家人会否身患疾病，不知会否有交通事故，不知会否有意外残疾或死亡，等等。

保险就是“为应对以上这些无法预料的事情做的准备”，是我们家庭生活更加健康和稳固的重要保证，我们投入少量资金购买保险，在意外情况发生时就可弥补我们的一些损失。

至于“保险理财”，有两层意思：

第一层意思是利用保险产品的保障功能，来管理我们在生活中不可预知的风险，为我们的生活提供保障。

比如，现实生活中有一些人不认同保险，同时他们中的很多人都持有大笔存款，因为要“以防万一”，这笔钱不敢花，其实就像是给自己买了份保险。

如果他们到保险公司投保，其实用不了那么多钱，就可以获得同样的保障。多出来的流动资金，还可以投入到其他理财产品中去，获得更多收益。

第二层意思就是保险本身附带的理财功能。

近年来，保险公司推出很多新产品，可以在保障功能的基础上，实现保险资金的增值。虽然收益可能比不上基金、股票，但因为其风险很低，所以具有投资价值。也正因为如此，它特别适合那些对金融市场并不熟悉，或者工作繁忙而没时间管理投资的朋友。

8.2 什么是淘宝保险理财

在网上购买各种各样的日用家居用品已经不新鲜了，但你尝试过在网上购买保险吗？淘宝保险理财带领我们进入了互联网保险时代。

淘宝保险理财是由保险公司总部直接入驻淘宝商城，开设旗舰店进行保险直销，并由保险公司专业的客服人员对消费者提供服务。

淘宝保险理财，由中国平安保险、泰康保险、华泰保险、阳光保险、太平洋保险等国内知名的保险公司，提供了数百种保险产品供投资者选择。

具体来说，淘宝保险理财有三大优势。

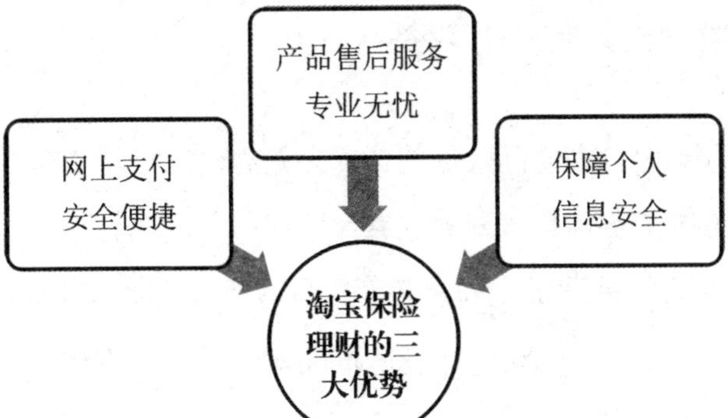

（1）网上支付安全快捷

可以通过淘宝提供的第三方支付平台即时到账交易支付，还可以通过网上电子商务交易平台到达银行的支付网关，以及采取余额、快捷等多样化支付方式。

目前国内各大银行的网上银行支付技术和安全保密技术都基本趋于成熟，采用国际先进SSL方式加密，有安全保障。

（2）产品售后服务专业无忧

退款无障碍：保单未生效之前，你有权改变投保意向，承诺100%退款。

专业售后：提供直接在线投保服务，配有在线咨询、热线电话服务，还包括全程协助索赔的超值服务，享受网上投保的方便、快捷。

后续支持：所有保险产品都会得到相应保险公司提供的理赔、退保、变更等服务。

（3）保障个人信息安全

保护用户个人信息安全是淘宝网的一项基本政策，不泄露或公开客户在填单过程中可能涉及到身份信息、联系电话、邮箱等个人信息和注册信息，或使用网络服务时存储在网站上的不公开内容。

■ 淘宝保险理财如何计算收益

淘宝保险理财到期实际收益的计算公式为：

最短持有期后实际能拿到的收益=本金×利率×持有天数/360

比如，90天的月期限，如果持有期间预期年化收益4.5%不变，到期后可以拿到4.5%/（360/90）=1.125%的收益，即你投资10000元，90天后可拿到112.5元的收益。

需要注意的是：保险理财产品中的万能险产品均由保险公司发布，由保险公司设有最低保证利率和历史年化结算利率。最低保证利率一般为2.5%，具体以保险条款为准，超过最低保证利率的部分是不确定的，实际以保险公司每月初公布的结算利率为准。

8.3 常见的淘宝保险理财品种

安全、健康是每个人生命中最基本、最重要的需求。从出生到去世，这个漫长而艰辛的人生历程中，你需要保险为自己护航。

保险不仅在于提供保障，而且还可以转移风险，是规划财务的重要部分。在淘宝保险理财平台上，常见的保险品种有八种。

■ 养老保险

30年后谁来养你？这是我们每个人不得不考虑的问题。现在家庭大多是独生子女，你想让你的孩子将来养四个老人吗？所以，尽早规划自己的养老问题，是对自己和子女负责。

养老保险是以人的寿命和身体为保险标的的保险。当人们遭受不幸事故或因疾病、年老以致丧失工作能力、伤残、甚至死亡后，根据保险合同的规定，保险人对被保险人或受益人给付保险金或年金，以解决病、残、老、死所造成的经济困难。

在资金允许的情况下，养老保险越早买越好。养老保险有着保障与理财功能，越早买，所获得的收益就越大。

■ 财产保险

现在的房奴、车奴越来越多，如果不幸遇到意外，谁来还银行的欠债?

这时候，就需要财产保险了。财产保险是指投保人根据合同约定，向保险人交付保险费，保险人按保险合同的约定对所承保的财产及其有关利益因自然灾害或意外事故造成的损失承担赔偿责任的保险。

财产保险业务包括财产损失保险、责任保险、信用保险等保险业务。可保财产，包括物质形态和非物质形态的财产及其相关利益。

以物质形态的财产及其相关利益作为保险标的的，通常称为财产损失保险。例如，飞机、卫星、电厂、大型工程、汽车、船舶、厂房、设备以及家庭财产保险等。

以非物质形态的财产及其相关利益作为保险标的的，通常是指各种责任保险、信用保险等。例如，公众责任、产品责任、雇主责任、职业责任、出口信用保险、投资风险保险等。

但是，并非所有的财产及其相关利益都可以作为财产保险的保险标的。只有根据法律规定，符合财产保险合同要求的财产及其相关利益，才能成为财产保险的保险标的。

■ 意外险

路上的车辆越来越多，交通事故每天都在发生。意外，已经不再是小概率事件，而生命中的意外总要有人为此买单。

意外险，即意外伤害保险，是以被保险人的身体作为保险标的，以被保险人因遭受意外伤害而造成的死亡、残疾、医疗费用支出或暂时丧失劳动能力为给付保险金条件的保险。

意外伤害保险承保的风险是意外伤害。通常，保险公司的意外险产品对意外伤害的定义是：以外来的、突发的、非本意的客观事件为直接且单独的原因致使身体受到的伤害。

意外险提供生命与安全的保障，它主要有两种功能。

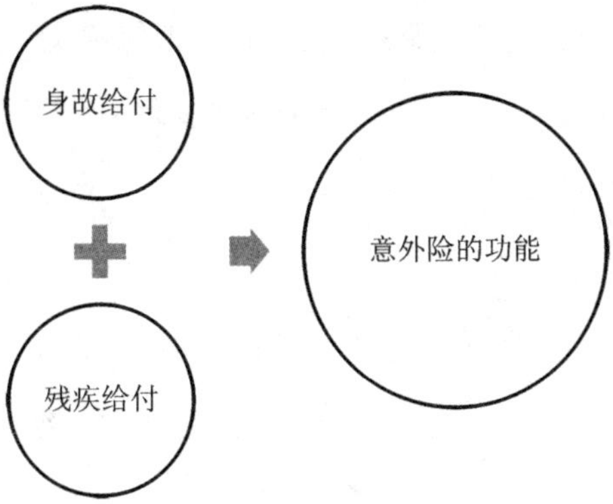

经常出差的人士，最好投保一份交通工具综合意外险，为乘坐飞机、火车、轮船、公共汽车及出租车提供保障。另外，经常外出旅游的人要关注一下旅游险。

此外，针对老年人的《老年人出行平安保险》、针对家庭财产的《安居综合保险》、针对民用燃气危险的《民用燃气用户个人人身意外伤害保险》等，意外险包罗万象，可根据需要进行选择。

对于家庭责任重大而且风险较大的人士，更应该在购买了普通意外险后，再购买一些特殊的意外险保障。

■ 重大疾病险

我们的生活质量是提高了，但生存环境却越来越差。大多数白领都处于亚健康状态，大病的发病率越来越高，且越来越趋于年轻化。

如今，医院医疗费很高，就是一个普通的感冒都能花上千元。如果万一不幸患了什么重大疾病，该怎么承担费用?

重大疾病险可以解决这个问题。重大疾病险是转移风险、获得保障的险种。

重大疾病险，简称“大病险”，是指由保险公司经办的以特定重大疾病，如恶性肿瘤、心肌梗死、脑溢血等为保险对象，当被保人患有上述疾病时，由保险公司对所花医疗费用给予适当补偿的商业保险行为。

重大疾病险根据保费是否返还，可分为两种保险。

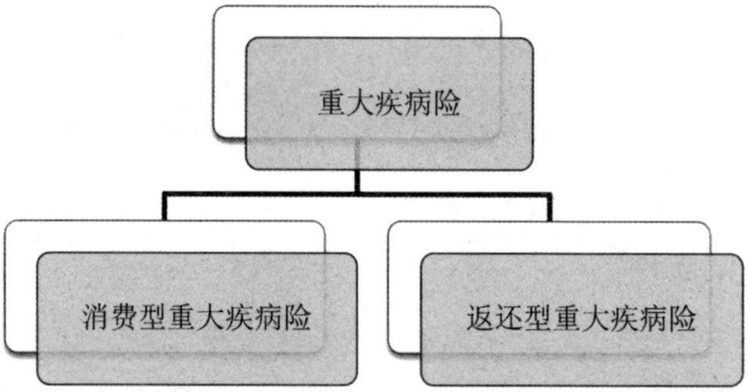

将一部分钱用于购买重大疾病险，出险的情况下可以获得赔付，不出险最终也能获得利息回报。

■ 子女的教育险

从孩子出生之日起，为孩子准备一笔教育资金是必需的。教育经费越来越昂贵，更不必说对孩子兴趣的培养。

小孩出生时，父母一般处于壮年时期，有着经济来源，此时是给小孩准备教育金的最好时机。

子女教育保险又称子女教育金保险，也叫少儿教育险，是针对少年儿童在不同生长阶段的教育需要提供相应的保险金，充分体现父母对子女的呵护和关爱。主要分为终身型和非终身型两种。

如今，很多保险公司都有一些专为孩子设计的险种，能帮助家长为孩子将来就读高中和大学时准备好充足的教育费用。

投资教育保险具有以下两方面的意义。

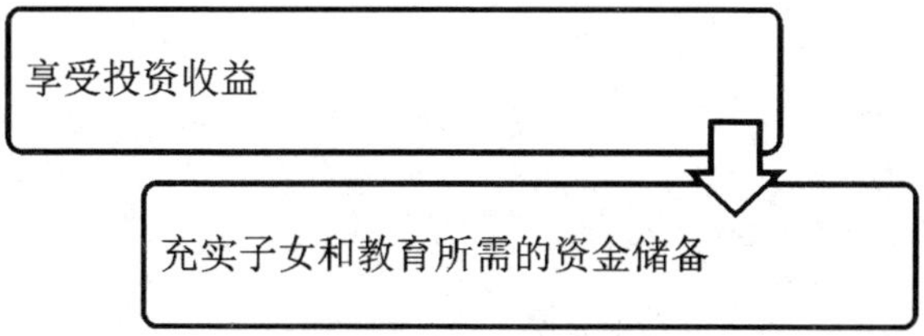

通货膨胀是我们必然面临的问题，进入而立之年，有了一定的经济基础，此时我们必然要采取多种理财手段，让手中的财富保值、增值。

让财富增值的险种有以下三种。

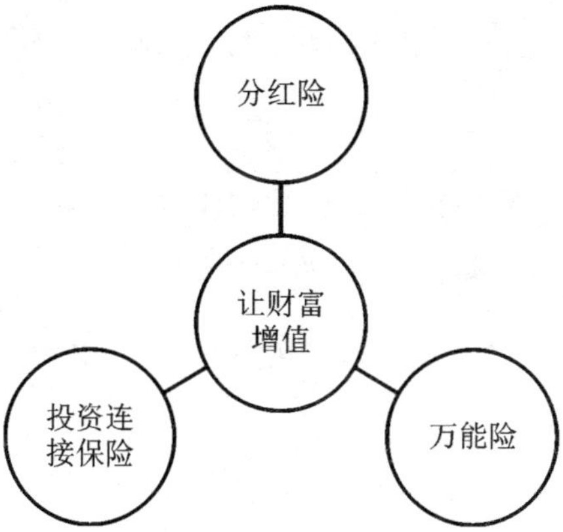

■ 分红险

近些年，保险公司不约而同地纷纷推出了新型的储蓄分红型产品。除了具有传统的保障功能之外，储蓄分红险种以其保费保值、定期返还并外加分享红利的特点，借助便利的银行销售网络，迅速成为保险市场的新宠。

储蓄分红险种，保证资金安全并有丰厚收益，专为实现储蓄目标而设计，兼具强大的储蓄和保值功能，是一款安全可靠的保险品种。

■ 投资连结保险

投资连结保险是一种投连险。投连险是一款新形式的终身寿险产品，它集保障和投资于一体。

保障主要体现在被保险人保险期间意外身故，会获取保险公司支付的身故保障金，同时通过投连附加险的形式也可以使用户获得重大疾病等其他方面的保障。

投资方面是指保险公司使用投保人支付的保费进行投资，获得收益。

投连险的费用主要包括初始保费、风险保险费、账户转换费用、投资单位买卖差价、资产管理费、部分支取和退保手续费等，根据产品的不同上述费用的收取也不同。通常头几年的费用较高，它是一个适合长期持有的保险品种。

■ 万能险

万能险是一种同时兼具理财和保障双重需求的新型寿险产品。万能险全称是万能型储蓄类寿险产品。

万能险设有最低保证利率和历史年化结算利率，最低保证利率一般为2.5%～3.5%（具体以保险公司的公告为准），超过最低保证利率的部分是不确定的，实际以保险公司每月初公布的结算利率为准。

8.4 如何购买淘宝保险理财产品

购买保险理财的具体步骤如下所述。

第一步：打开淘宝保险理财首页baoxian.taobao.com，找到你要购买的保险理财产品。和在淘宝上购买商品一样，查看产品详情。确认购买品种，点击“立刻投保”按钮。

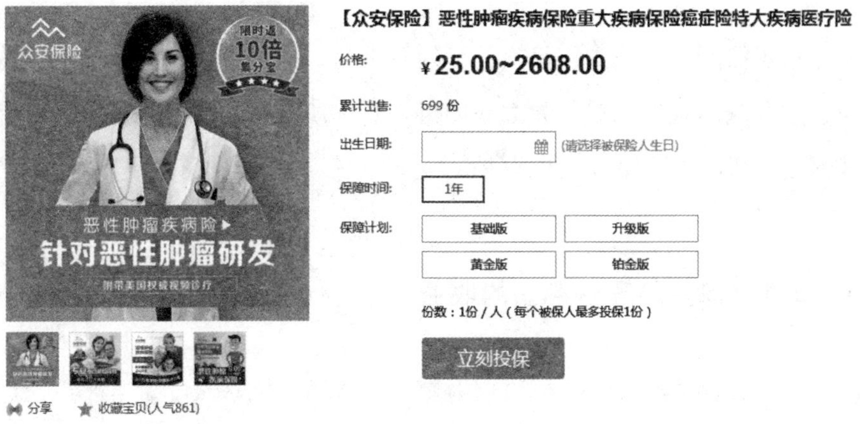

第二步：输入投保人、被保险人、受益人等相关信息，确认信息无误后，点击“确认无误，购买”按钮。

第三步：输入支付宝支付密码，点击“确认付款”按钮，购买保险理财产品成功。

购买成功，可以点击下方“我已经了解，不再提示”来完成保单确认。仅作确认，不影响收益和合同生效。

如果未进行网页在线确认操作，保险公司一般会在一周内对投保人进行“电话回访”，核对信息。保单确认是保险业要求，将保险责任、犹豫期、退保损失和收益的不确定性等重要事项向用户主动告知并强调，但如果未接到电话或未进行网页在线确认操作，也不影响收益发放和合同生效。

需要注意的是：购买保险理财产品的投资者须是年龄在18~60周岁的中华人民共和国大陆居民，且持有通过身份验证的账户，认证的身份证号码为18位。

■ 如何查看保单

购买保险后，在淘宝保险首页的右上角，点击“查看我的保单”按钮，进入到“我的订单”界面，即可查看你所购买的保险。点击“订单详情”，即可查看你的保单详情。

■ 如何查询保险理财产品的收益

要想查询已购买淘宝保险理财产品的收益，需登录支付宝账户，点击“账户通”。找到“我的理财”，点击后面的“管理”按钮，即可以查看该账户购买的保险理财产品记录，包括保险理财产品的当前保单价值、累计收益、理财产品总额和历史累计收益等。

■ 如何退保

淘宝理财产品购买成功，犹豫期内可以赎回。犹豫期内赎回，最多收取不高于10元的工本费（部分商家免费），犹豫期后到最低持有期内赎回，每个产品收费比率不同，详见各产品描述。

8.5 强大的重大疾病险：关爱宝

2014年6月，淘宝保险平台“关爱宝”正式上线。作为余额宝的兄弟产品，“关爱宝”能否如引燃互联网理财热潮的“余额宝”一样，引领互联网保险市场的大变革，值得拭目以待。

关爱宝是由淘宝保险与华夏保险共同推出的一款健康保险产品，为客户遴选出高性价比的保险产品，满足客户最基本的保险需求，并节省其挑选产品的成本。因而，设计简单、投保便捷、费率较低的保险产品是“关爱宝”的首选。

目前，淘宝“关爱宝”有八大保险产品。

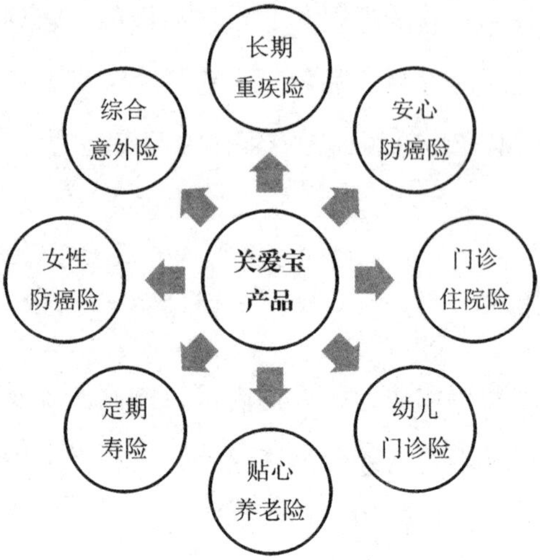

“关爱宝”的保险产品与社保医疗形成互补，切实为用户提供保障。在“关爱宝”购买保险产品有三大好处。

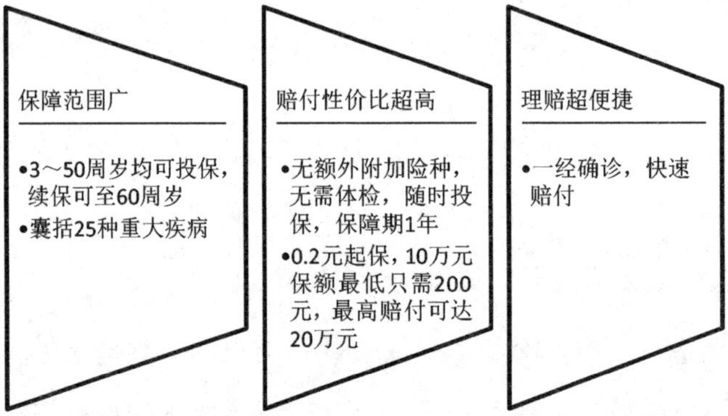

总之，“关爱宝”让用户用较低的成本，获得较全面的健康保障。

■ 购买关爱宝的操作方法

购买“关爱宝”保险产品的操作步骤如下所述。

第一步：在淘宝保险首页，点击“关爱宝”，进入“关爱宝”界面。

第二步：查看“关爱宝”的各种保险产品。目前，关爱宝有八种产品。选择合适自己的保险产品，点击“点击购买”按钮，进入购买界面。

将鼠标向下拉，即可查看该保险产品的详情，包括保障计划、给付比例等。

投保小贴士

您的宝宝出生28天至12周岁均可投保，每位宝宝限购2份，本保险保障将在投保后的第三日零时起生效，保险责任、保障范围及责任免除详情，请您仔细阅读保险条款。

保障计划	保险责任（每 份）	保额
少儿意外门急诊	社保人群：每次意外门急诊，扣除免赔额300元及其他途径取得的补偿，剩余部分按照90%赔付	3000元
	非社保人群：每次意外门急诊，扣除免赔额300元及其他途径取得的补偿，剩余部分按照80%赔付	
少儿住院医疗保险	社保人群：每次少儿住院医疗，扣除免赔额1000元，意外免赔额300元及其他途径取得的补偿，剩余部分按照60%赔付	1万元
	非社保人群：每次少儿住院医疗，扣除免赔额1000元，意外免赔额300元及其他途径取得的补偿，按约定比例赔付，累计不超过1万元，因疾病住院等待期30天	
少儿重大疾病	少儿重大疾病22种，等待期30天	2万元
少儿特别重大疾病	少儿特别重大疾病5种（恶性肿瘤、脑炎后遗症或脑膜炎后遗症、终末期肾病、重大器官移植术或造血干细胞移植术、严重III度烧伤），等待期30天	2万元
少儿定期寿险	身故保险金，疾病身故等待期30天	2万元

住院费用	给付比例
免赔额以上至5000元部分	20%
5000以上至10000元部分	30%
10000元以上至15000元部分	40%
15000元以上至20000元部分	50%
20000元以上部分	60%

第三步：查看完毕，确定购买，点击“立刻投保”按钮。填写并核对保单，输入投保人姓名、身份证号、电话号码，被保险人姓名、身份证号。填写完毕，点击“确认无误、购买”按钮。输入支付宝支付密码，点击“确认支付”按钮，购买关爱宝保险产品成功。

购买成功后，手机会收到确认短信。

需要注意的是：在填写投保人、被保险人和受益人的姓名、性别、出生日期、证件号码、投保人电话、地址等信息时，要真实、完整、准确。因为这些信息将用于计算保费、核保、寄送保单和电话回访等用途。如果信息不真实、不完整，可能影响保费计算和保单递送，同时可能导致无法进行电话回访，不能及时确认投保信息及维护保单权益。

■ 如何理赔

购买“关爱保”后，如何理赔？对此，不同的保险产品有不同的理赔流程，具体可在保险产品详情里查看。

下面以“幼儿门诊险”为例，演示理赔流程，其他保险产品的理赔流程大致相同。

第一步：发生理赔后，拨打全国统一服务电话号码021–95549进行理赔报案。保险公司在接到你的报案电话后，将由专业理赔人员在一个工作日内进行电话回访，指导你办理理赔的各项事宜。

第二步：准备申请材料。申请材料分为常规材料和辅助材料。

理赔常规材料是理赔申请必需的材料，具体包括：

1．保险合同原件；

2．被保险人有效身份证件；

3．事故证明类资料：相关机关、单位、企业出具的事故、工伤证明书，属交通意外的需要提供交通事故责任认定书等；

4．病历资料：门急诊病历或住院病历、出院小结复印件、诊断证明书原件；

5．医疗票据：门急诊、住院医疗费用收据原件，第三方已给付的医疗费用分割单；

6．国家卫生行政部门认定的医疗机构、公安部门或其他相关机构出具的被保险人的死亡证明；

7．伤残鉴定书原件；

8．受益人身份证明：受益人身份证原件，受益人与出险人关系证明原件。

理赔辅助材料是为了你的理赔申请能快速办理，辅助材料要尽量提供，具体包括：

9．末次保费收据和出险当期保费收据原件；

10．有关合同变更的批单；

11．被保险人、受益人户籍证明原件；

12．能确诊的病理、化验、影像、心电图等检查报告原件或复印件；

13．费用明细清单原件或复印件；

14．户口注销证明、宣告死亡证明原件；

15．如果委托申请，要提供委托类材料，包括理赔委托书、受托人身份证明原件。

下表是“关爱宝”各类保险产品所需材料表，里面的序号就是上述材料序号。

理赔类型	事故原因	保险事故关联的理赔材料	
		常规材料	辅助材料
身故	意外	1、2、3、6、8	9、10、11、14
	疾病	1、2、4、6、8	9、10、11、12、14
残疾	意外	1、2、3、7	9、10
	疾病	1、2、4、7	9、10、12
重疾	意外	1、2、3、4	9、10、12

第二步：进行理赔申请。备齐申请材料后，有两种方式可以尽快提交理赔申请。

1．到离你最近的机构柜面进行申请；

2．通过快递方式进行申请，在快递醒目位置注明“理赔申请”字样。

第三步：保险公司收到你的理赔材料后，会在5个工作日审核完材料，进行结案。然后给你发放理赔款。

关于理赔费用的计算，每个保险产品都不一样。这里以“幼儿门诊险”为例。

湖北武汉一位4岁的小朋友文文在2015年投保了“幼儿门诊险”。2016年8月，文文因为摔伤在儿童医院进行了门诊医疗，总共花费1800元。社保为其支付了近900元的治疗费用，非医保范围内费用120元。后来，在“关爱宝”获得了432元的理赔款。其计算方法如下：

［（1800−900）−120−300（免赔款）］×90%=432（元）

8.6 如何购买淘宝退货运费险

网购时代，运费成为了电子商务发展的一大瓶颈，制约着网商的成本。在网络购物中，一直存在退货时谁来承担运费而产生的纠纷或者顾虑。在当前的退款交易纠纷中，有42%是由于买卖双方对退货运费问题协商不一致产生的，为售后问题增添了很多不必要的麻烦。经过长达6个月的调研分析，华泰保险针对网络交易推出专用保险产品——退货运费险，2010年11月9日，正式登陆淘宝网进行销售。

退货运费险就是为了解决退货过程中买卖双方就运费支出方面的纠纷，保险公司针对加入“7天无理由退换货”或者交易合约服务的商品，买家在拍下商品时提供退货运费险让用户进行选择购买。

当发生退货时，卖家同意退货申请，达成退货协议，等待买家退货。买家填写退货的物流信息，等交易结束后72小时内，保险公司将按约定对买家的退货运费进行赔付 。

退货运费险具有以下四大特点。

保险费用低	投保方便	理赔速度快	理赔额度高
•平均支出不到0.7元	•只需在购买商品时选择即可，可和货款合并到一起支付	•无需报案，无需举证，退货成功后72小时内理赔款项直接支付到买家支付宝账户	•根据买家的收货地与卖家退货地间的距离来判断赔付额度，最高赔付18元

退货运费险的保障期限自买家或买家代表签收货物之时起七日止，或至买家在线“确认收货”时止，以时间先后顺序较早发生者为准。

那么如何购买退货运费险呢?

■ 购买退货运费险的操作方法

购买退货运费险的操作方法非常简单。

在淘宝上挑选你要购买的东西，点击“付款”。在提交订单界面，勾选“运费险”，点击“提交订单”按钮。输入支付宝支付密码，购买退货运费险成功。

还有一种情况，有的淘宝商家会赠送运费险，不需要你购买。

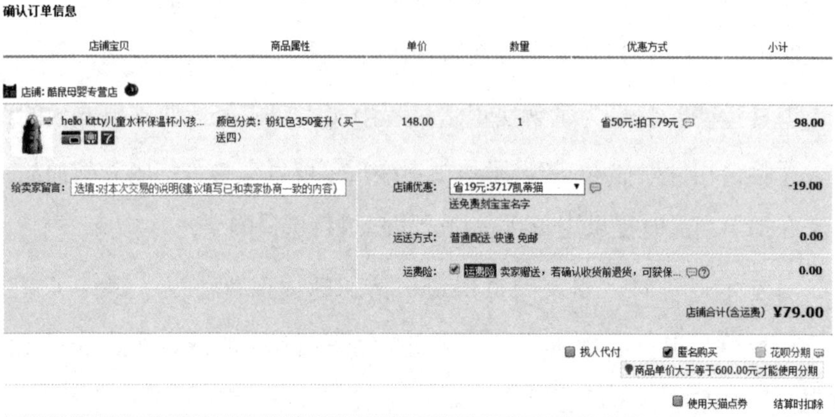

支付完成后可以查看所购物品的运费险详情。进入到“已买到的宝贝”，在“宝贝详情”里能看到一个“退货保障卡”，点击即会看到自己的保单详情。

■ 退货运费险费用计算

淘宝退货运费险是如何算出来的?

据了解，淘宝网和保险公司分别根据会员历史赔付情况和单个会员的出险率调整保费。其中出险率的计算公式为：

出险率=理赔成功次数/投保成功次数

通常，退货运费险存在这样的计算规律：当出险率小于等于5%时，保费为0.5元/笔，理赔金额为5至10元；当出险率大于5%而小于等于6%时，保费为0.6元/笔……以此类推，理赔金额越高，保费也就越高。

如果你是初次购买退货运费险，系统会根据你购买运费险前3个月的交易、退货及经营范围等情况计算你的风险率，再根据你的风险率得出每笔订单的保费。

具体风险率计费方式如下表所示。

风险率（t）	价格（元）
t≤1%且3个月内交易笔数大于等于500笔	0.15
t≤1%且3个月内交易笔数小于500笔	0.3
t≤0.5%	0.15
1%<t≤2%	0.3
2%<t≤3%	0.4
3%<t≤4%	0.6
4%<t≤5%	0.7
5%<t≤6%	0.8
6%<t≤7%	0.9
7%<t≤8%	1.0
8%<t≤9%	1.1
⋮	⋮
t≥30%	不承保

■ 购买了退货运费险，如何理赔

退货运费险的理赔流程如下所述。

第一步：在你的淘宝订单里找到你要退货的商品，点击后面的“退款/退货”按钮。填写退款信息，包括退款原因、退款金额、退款说明等。填写完毕后，点击“提交退款申请”。

第二步：等待卖家同意退款操作后，需要在淘宝网退货页面填写正确的“物流公司”及“物流单号”等信息。

第三步：等该笔交易退款结束后，系统会自动发起理赔申请，保险公司会在72小时内进行审批，确认理赔后赔付金额将直接支付至买家支付宝账户。

可以在“已买到的宝贝”中点击对应订单中的“退运保险”，查看保险详情，了解理赔进展。

理赔成功后，可在支付宝账户中的“收支明细”菜单下进行查看。

退货运费险的理赔流程图如下所示。

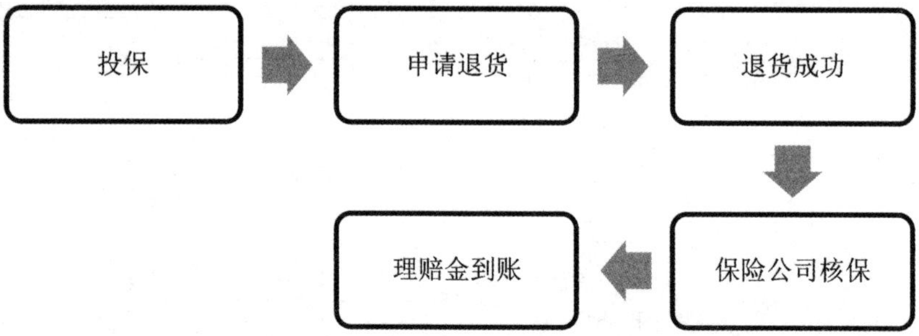

举例来说，韩小姐在淘宝买了2件连衣裙，卖家当天下午发的货。韩小姐第二天便收到了，但是都不合适，店主同意退货。韩小姐每件衣服都买了运费险，运费险怎么理赔?

淘宝运费险理赔款是退在韩小姐的支付宝里的。具体流程是买卖双方先按照一般的退货流程操作，韩小姐先垫付退货运费。退货成功后，系统会发起理赔申请，保险公司需在72小时内审批处理，确认后，赔付金额将直接打入韩小姐的支付宝账户。

需要注意的是：由于退货运费险的赔付是在你选择“需要退货”的状态下，保险公司在“退款成功”后进行审批，退货运费可以赔付。但如果是买家的换货运费，则不包含在内，保险公司不做赔付。

■ 退货运费险的赔付标准

退货运费赔付额度是有规定的，系统会根据买家的收货地与卖家的退货地之间的距离来判断赔付额度。

具体赔付标准如下表（表格数据会根据整个物流体系的调整而变化，赔付金额单位：元）所示。

发货地	收件地	赔付金额	发货地	收件地	赔付金额	发货地	收件地	赔付金额
上海	上海	5	安徽	上海	7	河北	上海	10
上海	云南	11	安徽	云南	11	河北	云南	12
上海	内蒙古	15	安徽	内蒙古	15	河北	内蒙古	12
上海	北京	9	安徽	北京	12	河北	北京	8
上海	吉林	12	安徽	吉林	15	河北	吉林	12
上海	四川	10	安徽	四川	11	河北	四川	10
上海	天津	10	安徽	天津	12	河北	天津	8
上海	宁夏	15	安徽	宁夏	15	河北	宁夏	15
上海	安徽	8	安徽	安徽	8	河北	安徽	11
上海	山东	9	安徽	山东	12	河北	山东	10
上海	山西	11	安徽	山西	12	河北	山西	11
上海	广东	9	安徽	广东	12	河北	广东	10
上海	广西	12	安徽	广西	12	河北	广西	12
上海	新疆	18	安徽	新疆	15	河北	新疆	15
上海	江苏	6	安徽	江苏	8	河北	江苏	9
上海	江西	9	安徽	江西	12	河北	江西	11
上海	河北	9	安徽	河北	10	河北	河北	7
上海	河南	9	安徽	河南	11	河北	河南	9
上海	浙江	6	安徽	浙江	8	河北	浙江	10
上海	海南	12	安徽	海南	12	河北	海南	12
上海	湖北	9	安徽	湖北	10	河北	湖北	10
上海	湖南	10	安徽	湖南	12	河北	湖南	10
上海	甘肃	12	安徽	甘肃	12	河北	甘肃	12
上海	福建	8	安徽	福建	10	河北	福建	9
上海	西藏	18	安徽	西藏	18	河北	西藏	18
上海	贵州	11	安徽	贵州	12	河北	贵州	12

发货地	收件地	赔付金额	发货地	收件地	赔付金额	发货地	收件地	赔付金额
上海	辽宁	12	安徽	辽宁	12	河北	辽宁	12
上海	重庆	12	安徽	重庆	12	河北	重庆	11
上海	陕西	11	安徽	陕西	12	河北	陕西	10
上海	青海	13	安徽	青海	15	河北	青海	12
上海	黑龙江	12	安徽	黑龙江	12	河北	黑龙江	12
云南	上海	11	山东	上海	8	河南	上海	10
云南	云南	10	山东	云南	12	河南	云南	12
云南	内蒙古	15	山东	内蒙古	14	河南	内蒙古	12
云南	北京	11	山东	北京	9	河南	北京	9
云南	吉林	12	山东	吉林	12	河南	吉林	12
云南	四川	9	山东	四川	11	河南	四川	11
云南	天津	10	山东	天津	10	河南	天津	10
云南	宁夏	15	山东	宁夏	15	河南	宁夏	15
云南	安徽	11	山东	安徽	9	河南	安徽	9
云南	山东	12	山东	山东	6	河南	山东	9
云南	山西	12	山东	山西	12	河南	山西	10
云南	广东	10	山东	广东	11	河南	广东	11
云南	广西	11	山东	广西	12	河南	广西	12
云南	新疆	15	山东	新疆	15	河南	新疆	15
云南	江苏	11	山东	江苏	8	河南	江苏	9
云南	江西	11	山东	江西	11	河南	江西	11
云南	河北	11	山东	河北	8	河南	河北	8
云南	河南	12	山东	河南	9	河南	河南	7
云南	浙江	11	山东	浙江	8	河南	浙江	9
云南	海南	12	山东	海南	12	河南	海南	12
云南	湖北	12	山东	湖北	10	河南	湖北	9
云南	湖南	11	山东	湖南	12	河南	湖南	10
云南	甘肃	11	山东	甘肃	12	河南	甘肃	12
云南	福建	11	山东	福建	12	河南	福建	10
云南	西藏	18	山东	西藏	18	河南	西藏	18
云南	贵州	10	山东	贵州	12	河南	贵州	12
云南	辽宁	12	山东	辽宁	10	河南	辽宁	12
云南	重庆	10	山东	重庆	12	河南	重庆	12
云南	陕西	11	山东	陕西	10	河南	陕西	10
云南	青海	15	山东	青海	14	河南	青海	12
云南	黑龙江	13	山东	黑龙江	12	河南	黑龙江	12
内蒙古	上海	13	山西	上海	10	浙江	上海	6
内蒙古	云南	13	山西	云南	15	浙江	云南	12
内蒙古	内蒙古	11	山西	内蒙古	15	浙江	内蒙古	15
内蒙古	北京	11	山西	北京	12	浙江	北京	9
内蒙古	吉林	13	山西	吉林	12	浙江	吉林	15
内蒙古	四川	13	山西	四川	11	浙江	四川	10
内蒙古	天津	12	山西	天津	12	浙江	天津	10
内蒙古	宁夏	10	山西	宁夏	10	浙江	宁夏	15
内蒙古	安徽	13	山西	安徽	12	浙江	安徽	8
内蒙古	山东	12	山西	山东	12	浙江	山东	9

发货地	收件地	赔付金额	发货地	收件地	赔付金额	发货地	收件地	赔付金额
内蒙古	山西	13	山西	山西	6	浙江	山西	11
内蒙古	广东	13	山西	广东	11	浙江	广东	9
内蒙古	广西	13	山西	广西	12	浙江	广西	12
内蒙古	新疆	16	山西	新疆	15	浙江	新疆	18
内蒙古	江苏	13	山西	江苏	9	浙江	江苏	6
内蒙古	江西	13	山西	江西	11	浙江	江西	12
内蒙古	河北	12	山西	河北	8	浙江	河北	12
内蒙古	河南	13	山西	河南	9	浙江	河南	10
内蒙古	浙江	13	山西	浙江	9	浙江	浙江	6
内蒙古	海南	13	山西	海南	12	浙江	海南	12
内蒙古	湖北	13	山西	湖北	11	浙江	湖北	10
内蒙古	湖南	13	山西	湖南	12	浙江	湖南	11
内蒙古	甘肃	13	山西	甘肃	15	浙江	甘肃	15
内蒙古	福建	13	山西	福建	12	浙江	福建	10
内蒙古	西藏	20	山西	西藏	18	浙江	西藏	18
内蒙古	贵州	13	山西	贵州	12	浙江	贵州	11
内蒙古	辽宁	13	山西	辽宁	12	浙江	辽宁	15
内蒙古	重庆	13	山西	重庆	12	浙江	重庆	12
内蒙古	陕西	13	山西	陕西	10	浙江	陕西	11
内蒙古	青海	13	山西	青海	15	浙江	青海	16
内蒙古	黑龙江	12	山西	黑龙江	12	浙江	黑龙江	15
北京	上海	9	广东	上海	9	海南	上海	10
北京	云南	9	广东	云南	12	海南	云南	12
北京	内蒙古	10	广东	内蒙古	16	海南	内蒙古	15
北京	北京	5	广东	北京	11	海南	北京	10
北京	吉林	10	广东	吉林	16	海南	吉林	15
北京	四川	9	广东	四川	11	海南	四川	12
北京	天津	8	广东	天津	12	海南	天津	12
北京	宁夏	10	广东	宁夏	15	海南	宁夏	15
北京	安徽	9	广东	安徽	10	海南	安徽	12
北京	山东	9	广东	山东	13	海南	山东	12
北京	山西	9	广东	山西	15	海南	山西	12
北京	广东	9	广东	广东	8	海南	广东	10
北京	广西	10	广东	广西	10	海南	广西	12
北京	新疆	15	广东	新疆	18	海南	新疆	15
北京	江苏	9	广东	江苏	9	海南	江苏	10
北京	江西	9	广东	江西	10	海南	江西	12
北京	河北	7	广东	河北	11	海南	河北	12
北京	河南	9	广东	河南	11	海南	河南	12
北京	浙江	9	广东	浙江	9	海南	浙江	10
北京	海南	10	广东	海南	10	海南	海南	10
北京	湖北	9	广东	湖北	10	海南	湖北	12
北京	湖南	8	广东	湖南	9	海南	湖南	12
北京	甘肃	10	广东	甘肃	15	海南	甘肃	15
北京	福建	9	广东	福建	8	海南	福建	12
北京	西藏	15	广东	西藏	18	海南	西藏	18

发货地	收件地	赔付金额	发货地	收件地	赔付金额	发货地	收件地	赔付金额
北京	贵州	10	广东	贵州	14	海南	贵州	12
北京	辽宁	10	广东	辽宁	16	海南	辽宁	12
北京	重庆	10	广东	重庆	13	海南	重庆	12
北京	陕西	10	广东	陕西	11	海南	陕西	12
北京	青海	12	广东	青海	15	海南	青海	15
北京	黑龙江	10	广东	黑龙江	16	海南	黑龙江	12
吉林	上海	11	广西	上海	10	湖北	上海	7
吉林	云南	11	广西	云南	12	湖北	云南	12
吉林	内蒙古	12	广西	内蒙古	15	湖北	内蒙古	15
吉林	北京	10	广西	北京	12	湖北	北京	7
吉林	吉林	8	广西	吉林	15	湖北	吉林	15
吉林	四川	11	广西	四川	12	湖北	四川	9
吉林	天津	10	广西	天津	12	湖北	天津	8
吉林	宁夏	15	广西	宁夏	15	湖北	宁夏	15
吉林	安徽	11	广西	安徽	12	湖北	安徽	8
吉林	山东	10	广西	山东	12	湖北	山东	8
吉林	山西	10	广西	山西	12	湖北	山西	10
吉林	广东	10	广西	广东	10	湖北	广东	8
吉林	广西	11	广西	广西	10	湖北	广西	10
吉林	新疆	15	广西	新疆	15	湖北	新疆	15
吉林	江苏	11	广西	江苏	10	湖北	江苏	8
吉林	江西	10	广西	江西	11	湖北	江西	8
吉林	河北	10	广西	河北	12	湖北	河北	9
吉林	河南	10	广西	河南	11	湖北	河南	9
吉林	浙江	11	广西	浙江	9	湖北	浙江	8
吉林	海南	11	广西	海南	12	湖北	海南	15
吉林	湖北	10	广西	湖北	12	湖北	湖北	6
吉林	湖南	10	广西	湖南	10	湖北	湖南	8
吉林	甘肃	10	广西	甘肃	15	湖北	甘肃	15
吉林	福建	11	广西	福建	8	湖北	福建	10
吉林	西藏	18	广西	西藏	18	湖北	西藏	18
吉林	贵州	11	广西	贵州	12	湖北	贵州	12
吉林	辽宁	10	广西	辽宁	15	湖北	辽宁	10
吉林	重庆	11	广西	重庆	12	湖北	重庆	10
吉林	陕西	11	广西	陕西	12	湖北	陕西	10
吉林	青海	15	广西	青海	15	湖北	青海	15
吉林	黑龙江	8	广西	黑龙江	15	湖北	黑龙江	10
四川	上海	9	新疆	上海	13	湖南	上海	9
四川	云南	10	新疆	云南	15	湖南	云南	15
四川	内蒙古	15	新疆	内蒙古	15	湖南	内蒙古	18
四川	北京	11	新疆	北京	13	湖南	北京	12
四川	吉林	12	新疆	吉林	15	湖南	吉林	15
四川	四川	6	新疆	四川	12	湖南	四川	11
四川	天津	12	新疆	天津	15	湖南	天津	12
四川	宁夏	11	新疆	宁夏	15	湖南	宁夏	15
四川	安徽	11	新疆	安徽	13	湖南	安徽	11

发货地	收件地	赔付金额	发货地	收件地	赔付金额	发货地	收件地	赔付金额
四川	山东	11	新疆	山东	15	湖南	山东	15
四川	山西	12	新疆	山西	15	湖南	山西	15
四川	广东	10	新疆	广东	12	湖南	广东	9
四川	广西	12	新疆	广西	15	湖南	广西	15
四川	新疆	16	新疆	新疆	10	湖南	新疆	15
四川	江苏	9	新疆	江苏	13	湖南	江苏	9
四川	江西	12	新疆	江西	15	湖南	江西	11
四川	河北	11	新疆	河北	15	湖南	河北	11
四川	河南	11	新疆	河南	15	湖南	河南	11
四川	浙江	9	新疆	浙江	13	湖南	浙江	11
四川	海南	12	新疆	海南	15	湖南	海南	10
四川	湖北	11	新疆	湖北	15	湖南	湖北	9
四川	湖南	12	新疆	湖南	15	湖南	湖南	9
四川	甘肃	12	新疆	甘肃	15	湖南	甘肃	15
四川	福建	12	新疆	福建	15	湖南	福建	10
四川	西藏	18	新疆	西藏	15	湖南	西藏	18
四川	贵州	10	新疆	贵州	15	湖南	贵州	15
四川	辽宁	12	新疆	辽宁	15	湖南	辽宁	15
四川	重庆	10	新疆	重庆	15	湖南	重庆	12
四川	陕西	10	新疆	陕西	12	湖南	陕西	14
四川	青海	12	新疆	青海	15	湖南	青海	15
四川	黑龙江	12	新疆	黑龙江	15	湖南	黑龙江	15
天津	上海	10	江苏	上海	6	甘肃	上海	12
天津	云南	12	江苏	云南	11	甘肃	云南	12
天津	内蒙古	12	江苏	内蒙古	15	甘肃	内蒙古	15
天津	北京	5	江苏	北京	9	甘肃	北京	10
天津	吉林	8	江苏	吉林	15	甘肃	吉林	10
天津	四川	12	江苏	四川	10	甘肃	四川	11
天津	天津	5	江苏	天津	10	甘肃	天津	10
天津	宁夏	15	江苏	宁夏	15	甘肃	宁夏	10
天津	安徽	10	江苏	安徽	8	甘肃	安徽	12
天津	山东	8	江苏	山东	10	甘肃	山东	10
天津	山西	10	江苏	山西	11	甘肃	山西	12
天津	广东	12	江苏	广东	10	甘肃	广东	12
天津	广西	12	江苏	广西	12	甘肃	广西	12
天津	新疆	15	江苏	新疆	18	甘肃	新疆	15
天津	江苏	10	江苏	江苏	6	甘肃	江苏	12
天津	江西	10	江苏	江西	11	甘肃	江西	12
天津	河北	8	江苏	河北	10	甘肃	河北	12
天津	河南	10	江苏	河南	10	甘肃	河南	9
天津	浙江	10	江苏	浙江	6	甘肃	浙江	12
天津	海南	15	江苏	海南	12	甘肃	海南	12
天津	湖北	12	江苏	湖北	9	甘肃	湖北	11
天津	湖南	12	江苏	湖南	10	甘肃	湖南	11
天津	甘肃	12	江苏	甘肃	15	甘肃	甘肃	8
天津	福建	10	江苏	福建	9	甘肃	福建	11

发货地	收件地	赔付金额	发货地	收件地	赔付金额	发货地	收件地	赔付金额
天津	西藏	18	江苏	西藏	18	甘肃	西藏	12
天津	贵州	15	江苏	贵州	11	甘肃	贵州	12
天津	辽宁	8	江苏	辽宁	15	甘肃	辽宁	10
天津	重庆	12	江苏	重庆	12	甘肃	重庆	12
天津	陕西	12	江苏	陕西	11	甘肃	陕西	10
天津	青海	15	江苏	青海	15	甘肃	青海	15
天津	黑龙江	10	江苏	黑龙江	15	甘肃	黑龙江	10
宁夏	上海	15	江西	上海	10	福建	上海	9
宁夏	云南	15	江西	云南	15	福建	云南	11
宁夏	内蒙古	10	江西	内蒙古	15	福建	内蒙古	15
宁夏	北京	15	江西	北京	11	福建	北京	9
宁夏	吉林	15	江西	吉林	15	福建	吉林	15
宁夏	四川	11	江西	四川	11	福建	四川	10
宁夏	天津	15	江西	天津	10	福建	天津	10
宁夏	宁夏	10	江西	宁夏	15	福建	宁夏	15
宁夏	安徽	15	江西	安徽	10	福建	安徽	9
宁夏	山东	15	江西	山东	12	福建	山东	9
宁夏	山西	10	江西	山西	15	福建	山西	10
宁夏	广东	14	江西	广东	10	福建	广东	9
宁夏	广西	15	江西	广西	15	福建	广西	11
宁夏	新疆	15	江西	新疆	15	福建	新疆	15
宁夏	江苏	15	江西	江苏	10	福建	江苏	9
宁夏	江西	15	江西	江西	5	福建	江西	9
宁夏	河北	15	江西	河北	11	福建	河北	9
宁夏	河南	15	江西	河南	11	福建	河南	10
宁夏	浙江	15	江西	浙江	10	福建	浙江	8
宁夏	海南	15	江西	海南	15	福建	海南	12
宁夏	湖北	15	江西	湖北	9	福建	湖北	9
宁夏	湖南	15	江西	湖南	11	福建	湖南	9
宁夏	甘肃	15	江西	甘肃	15	福建	甘肃	15
宁夏	福建	15	江西	福建	10	福建	福建	6
宁夏	西藏	18	江西	西藏	18	福建	西藏	18
宁夏	贵州	15	江西	贵州	15	福建	贵州	11
宁夏	辽宁	15	江西	辽宁	15	福建	辽宁	12
宁夏	重庆	15	江西	重庆	15	福建	重庆	11
宁夏	陕西	12	江西	陕西	15	福建	陕西	10
宁夏	青海	12	江西	青海	15	福建	青海	15
宁夏	黑龙江	15	江西	黑龙江	15	福建	黑龙江	15
西藏	上海	18	辽宁	上海	12	陕西	上海	10
西藏	云南	18	辽宁	云南	12	陕西	云南	12
西藏	内蒙古	18	辽宁	内蒙古	12	陕西	内蒙古	12
西藏	北京	18	辽宁	北京	12	陕西	北京	11
西藏	吉林	18	辽宁	吉林	12	陕西	吉林	12
西藏	四川	12	辽宁	四川	12	陕西	四川	10
西藏	天津	18	辽宁	天津	12	陕西	天津	11
西藏	宁夏	18	辽宁	宁夏	15	陕西	宁夏	12

发货地	收件地	赔付金额	发货地	收件地	赔付金额	发货地	收件地	赔付金额
西藏	安徽	18	辽宁	安徽	13	陕西	安徽	11
西藏	山东	18	辽宁	山东	12	陕西	山东	10
西藏	山西	18	辽宁	山西	13	陕西	山西	10
西藏	广东	18	辽宁	广东	12	陕西	广东	10
西藏	广西	18	辽宁	广西	13	陕西	广西	11
西藏	新疆	18	辽宁	新疆	15	陕西	新疆	12
西藏	江苏	18	辽宁	江苏	12	陕西	江苏	11
西藏	江西	18	辽宁	江西	12	陕西	江西	11
西藏	河北	18	辽宁	河北	12	陕西	河北	10
西藏	河南	18	辽宁	河南	12	陕西	河南	10
西藏	浙江	18	辽宁	浙江	12	陕西	浙江	11
西藏	海南	18	辽宁	海南	13	陕西	海南	12
西藏	湖北	18	辽宁	湖北	13	陕西	湖北	10
西藏	湖南	18	辽宁	湖南	12	陕西	湖南	10
西藏	甘肃	18	辽宁	甘肃	13	陕西	甘肃	12
西藏	福建	18	辽宁	福建	13	陕西	福建	9
西藏	西藏	12	辽宁	西藏	18	陕西	西藏	18
西藏	贵州	18	辽宁	贵州	13	陕西	贵州	11
西藏	辽宁	18	辽宁	辽宁	10	陕西	辽宁	12
西藏	重庆	18	辽宁	重庆	12	陕西	重庆	10
西藏	陕西	18	辽宁	陕西	12	陕西	陕西	8
西藏	青海	18	辽宁	青海	13	陕西	青海	12
西藏	黑龙江	18	辽宁	黑龙江	12	陕西	黑龙江	12
贵州	上海	12	重庆	上海	10	青海	上海	12
贵州	云南	10	重庆	云南	10	青海	云南	12
贵州	内蒙古	15	重庆	内蒙古	12	青海	内蒙古	12
贵州	北京	12	重庆	北京	10	青海	北京	12
贵州	吉林	15	重庆	吉林	12	青海	吉林	15
贵州	四川	9	重庆	四川	6	青海	四川	12
贵州	天津	12	重庆	天津	10	青海	天津	12
贵州	宁夏	15	重庆	宁夏	15	青海	宁夏	10
贵州	安徽	12	重庆	安徽	10	青海	安徽	13
贵州	山东	12	重庆	山东	12	青海	山东	13
贵州	山西	12	重庆	山西	12	青海	山西	12
贵州	广东	10	重庆	广东	10	青海	广东	12
贵州	广西	13	重庆	广西	12	青海	广西	13
贵州	新疆	18	重庆	新疆	15	青海	新疆	15
贵州	江苏	12	重庆	江苏	10	青海	江苏	12
贵州	江西	15	重庆	江西	12	青海	江西	13
贵州	河北	12	重庆	河北	12	青海	河北	13
贵州	河南	12	重庆	河南	12	青海	河南	13
贵州	浙江	12	重庆	浙江	10	青海	浙江	12
贵州	海南	14	重庆	海南	12	青海	海南	15
贵州	湖北	11	重庆	湖北	10	青海	湖北	13
贵州	湖南	11	重庆	湖南	10	青海	湖南	13
贵州	甘肃	15	重庆	甘肃	12	青海	甘肃	11

发货地	收件地	赔付金额	发货地	收件地	赔付金额	发货地	收件地	赔付金额
贵州	福建	13	重庆	福建	11	青海	福建	13
贵州	西藏	15	重庆	西藏	18	青海	西藏	15
贵州	贵州	8	重庆	贵州	10	青海	贵州	13
贵州	辽宁	15	重庆	辽宁	12	青海	辽宁	15
贵州	重庆	10	重庆	重庆	6	青海	重庆	13
贵州	陕西	12	重庆	陕西	10	青海	陕西	10
贵州	青海	15	重庆	青海	15	青海	青海	8
贵州	黑龙江	15	重庆	黑龙江	12	青海	黑龙江	15
黑龙江	上海	10	黑龙江	山西	12	黑龙江	湖北	12
黑龙江	云南	12	黑龙江	广东	12	黑龙江	湖南	12
黑龙江	内蒙古	12	黑龙江	广西	12	黑龙江	甘肃	15
黑龙江	北京	10	黑龙江	新疆	16	黑龙江	福建	12
黑龙江	吉林	10	黑龙江	江苏	10	黑龙江	西藏	18
黑龙江	四川	12	黑龙江	江西	12	黑龙江	贵州	12
黑龙江	天津	10	黑龙江	河北	10	黑龙江	辽宁	10
黑龙江	宁夏	15	黑龙江	河南	10	黑龙江	重庆	12
黑龙江	安徽	10	黑龙江	浙江	10	黑龙江	陕西	10
黑龙江	山东	10	黑龙江	海南	12	黑龙江	青海	15
黑龙江	黑龙江	8						

■ 退货运费险理赔失败怎么办

按照上述操作方法申请理赔退货运费险，但有时会因为某种原因导致运费险理赔失败。这时，应该怎么办呢?

如果遇到退货运费险理赔失败的情况，可以按照下述方法操作。

第一步：在你的淘宝订单里找到理赔失败的订单，点击“订单详情”，进入到“订单详情”界面。

第二步：在“订单详情”界面的订单的基本信息中，点击右侧的“查看退款详情”。在“退款详情”界面，看到此时你的退款工作已经完成，你现在要查看自己的退运险状态，点击退运险“查看”按钮。

第三步：在“退货运费险”界面，你可以看到当前状态为理赔失败，提示你该笔理赔未通过审核，保险公司无法赔付，请联系保险公司咨询。在该页面的下方，点击“和我联系”按钮。

第四步：系统会直接打开你的阿里旺旺，并弹出跟保险公司官方旗舰客服聊天的窗口。你将自己理赔失败的情况进行说明，然后客服会告诉你理赔失败可能是因为系统问题，并不代表无法获得赔偿，需要到保险公司的官网填写申请资料，审核通过后就可以获得赔偿了。

第五步：打开保险客服提供的保险公司官网，进入到理赔界面，点击“提交录入”按钮。在客户运单信息界面，输入你的电子邮箱、手机号码、淘宝订单编号、退货快递公司、退货快递单号等内容。

同时，你要提供损失证明，第一项是交易证明，证明格式为图片，你可以点击淘宝样例或者天猫样例查看交易证明的格式，然后上传交易证明。接着是上传退货证明，证明你已经退货给商家。

所有的信息填写及上传完毕后，点击下面的“提交”按钮。

第六步：系统会弹出“理赔复核申请提交成功”。你需要等待保险公司的复核结果。

一般情况下，保险公司会在5个工作日内完成审核。你可以在第六个工作日后到支付宝账户中查询理赔费用是否到账。

8.7 淘保包：3C数码购物有保障

淘保包是淘宝网委托保险公司向消费者重磅推出的适用于3C数码类商品和大小家电商品的系列保险产品，包含一年期全国保修费用保险、一年期意外损坏保险。

淘保包通过保险形式解决消费者在淘宝上购买数码产品及家电的全国保修问题，同时增加了超出原厂保修范围的售后服务。消费者可以在购买支持淘保包的商品时一并购买该保险。淘保包分为手机淘保包和数码淘保包。

手机淘保包和数码淘保包保险适用品牌见下表。

<table>
<tr><th>手机淘保包</th><th>数码淘保包</th></tr>
<tr><td>APPLE、HTC、诺基亚、摩托罗拉</td><td rowspan="2">笔记本电脑：苹果、IBM、联想、宏碁、戴尔、华硕、惠普、索尼、三星、东芝、神舟</td></tr>
<tr><td>三星、索爱、LG、戴尔、夏普</td></tr>
<tr><td>华为、中兴、联想、酷派、小米</td><td rowspan="3">平板电脑：苹果、三星、联想、索尼、THINKPAD、华硕、宏碁、摩托罗拉、IBM、东芝、戴尔、神舟、惠普、HTC</td></tr>
<tr><td>魅族、OPPO、金立、天语、TCL</td></tr>
<tr><td>步步高、朵唯、康佳、海信</td></tr>
<tr><td>海尔、创维、长虹、VIVO、波导</td><td rowspan="3">相机：三星、松下、索尼、佳能、尼康、富士、卡西欧、宾得、徕卡、明基、爱国者、柯达、奥林巴斯</td></tr>
<tr><td>夏新、BEE、现代、飞利浦、纽曼</td></tr>
<tr><td>青橙、海客、尼凯恩、卓普</td></tr>
</table>

淘保包的保障范围分为一年期全国保修费用保险和一年期意外损坏保险。

一年期全国保修费用保险主要保障三个方面：

一是主机在正常使用中发生因电气或机械原因引起的功能故障；

二是因数码商品内部灰尘而导致的数码商品故障、内部受热、内部潮湿、内部冷凝、动力高峰、电涌等因素导致的数码商品功能故障；

三是因显示屏漏液、滑轨失效等引起的功能性故障。

一年期全国保修费用保险的保障时间从厂家保修期满之日开始起算一年内。

一年期意外损坏保险主要保障意外损坏服务，包括因液体泼溅导致意外进液或无意的外部事件导致机器损坏所产生的故障。

一年期意外损坏保险的保障时间从你所购买商品交易成功之日次日零时起生效到下一年度购买日终止。

购买淘保包的操作方法如下所述。

在淘宝网挑选手机或数码产品，点击“购买”按钮，进行订单确认。在此界面，勾选淘保包服务，点击“提交订单”按钮。

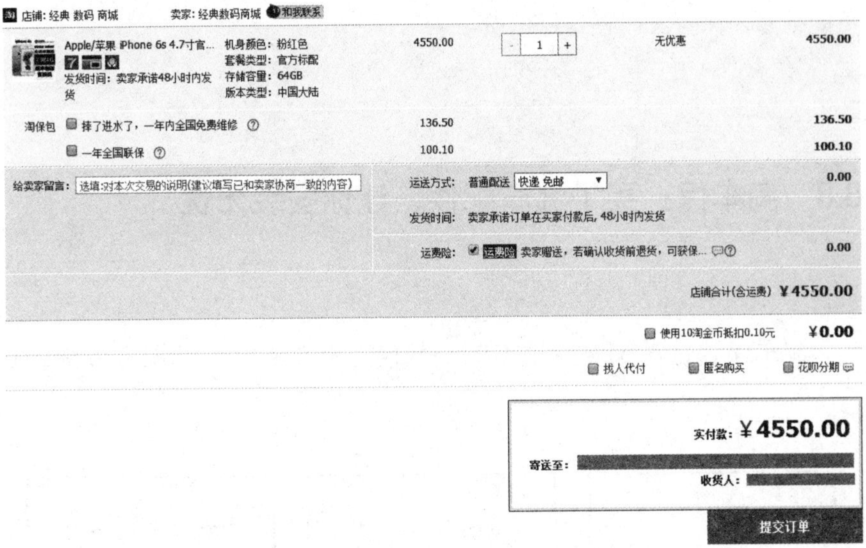

收到手机或数码产品后，点击“确认收货”按钮。淘保包保险生效。

购买成功后可以在“已买到的宝贝”的“保障卡”查询淘保包服务。

那么，当手机或数码产品发生意外或故障时，应该如何进行淘保包保险理赔服务呢？其售后保险服务流程如下图所示。

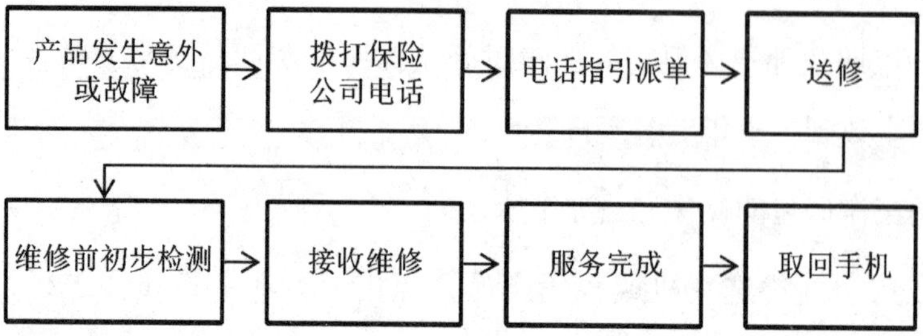

需要注意的是：当你的手机或数码产品经过维修前初步检测，发现不能维修，保险公司将退还保费。

8.8 淘车保：买了汽车配件，让你安装无忧

淘车保，是淘宝保险推出的一款淘宝汽车配件安装服务保险。目前，淘车保有三款主要产品。

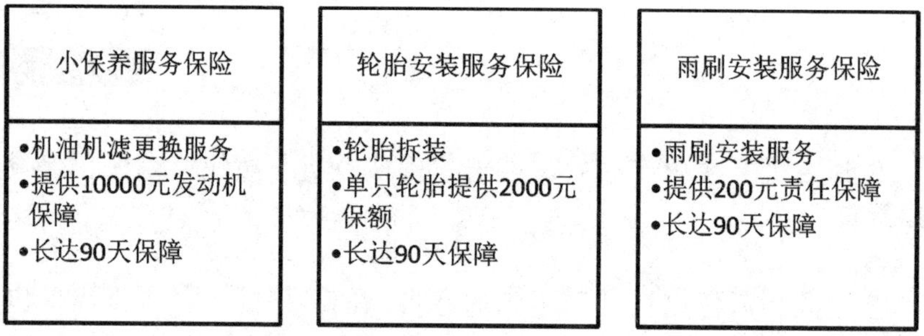

购买淘车保的操作方法如下所述。

在淘宝网上挑选你需要的汽车配件，点击“购买”按钮。勾选“淘车保”，按照淘宝购物流程，支付商品款及淘宝保费。收到货以后，点

击“确认收货”按钮，淘车保服务生效。

购买成功后，你可以到“已买到的宝贝”的“保障卡”查看保险服务。

商家发货次日，你的手机会收到短信凭证。确认收货后，你可以选择离你最近的网店进行安装服务，不需要预约，到店凭手机短信便可享受服务。

安装后保障90天。在这90天内，如果你因汽车配件安装服务问题导致了意外事故，造成车辆损失，经查勘鉴定后，保险公司会给予赔付相关汽车受损配件更换及维修的费用。

8.9 如何购买物流破损险

网购因其便利的特点逐渐成为人们日常的购物方式之一，但网购存在风险，物流过程中的破损风险就是其中之一，对于酒类、牛奶等液体类的物品尤其突出。

针对这一风险，天猫独家联手安信保险推出物流破损险，帮助天猫卖家解决酒类、乳制品物流过程中包装破损、泄露等问题。

参加物流破损险保险项目的天猫卖家，所卖出的酒类、盒装乳制品，若在物流过程中发生容器破损、瘪罐或者瘪盒影响外观、外包装破损，买家签收后直接由安信保险负责开展相应的赔偿工作，无需卖家承担损失。

值得一提的是，考虑到买家可能会购买酒类等作为礼品赠送，因此自带的外包装也在本保险项目的承保范围内，仅外包装破损，购买物品完好也能获得一定比例的赔偿。

目前，物流破损险项目仅在天猫实施，其他电商尚未跟进。该项目自2015年5月19日上线以来，受到了天猫众多买家和卖家的欢迎，前来咨询者络绎不绝。截至2015年5月底，95%以上天猫销售商的酒类、乳制品类目订单获得了物流破损险保障。

那么，物流破损险究竟能为我们保障什么呢？

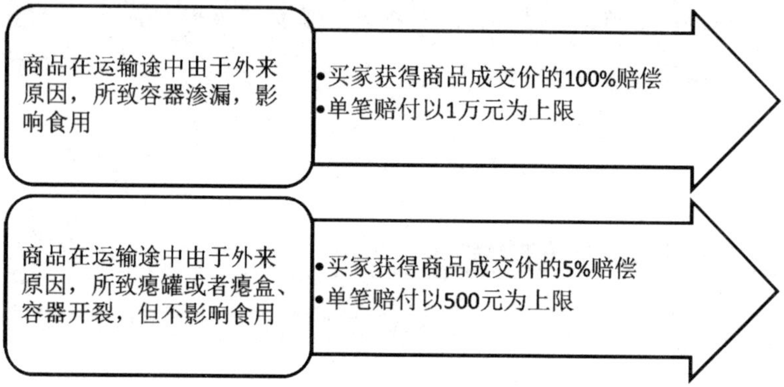

目前，淘宝保险物流破损险的承保范围主要有五大类，详见下表所示。

承保商品类别	商品范围					
酒类	国产白酒	配制酒	啤酒	黄酒	葡萄酒	洋酒
乳制品	纯牛奶	酸奶				
奶粉	婴幼儿牛奶粉	婴幼儿羊奶粉	豆奶粉	防腹泻/抗过敏奶粉	低体重儿/早产儿奶粉	其他特殊配方奶粉
粮油	食用油/调味油	调味品/果酱/沙拉	烘焙原料/辅料/食品添加剂	面粉/食用粉		
滋补品	蜂蜜					

■ 如何知道商家是否投保

物流破损险只限于商家购买，买家不能购买。所以当你购买易破损商品时，可以查看商家是否为你投保了物流破损险。

查看商家是否投保破损险的方法如下所述。

在“商品详情”界面，查看服务承诺中是否有“物流破损险”几个字。如果有这几个字，说明购买此商品你可享受物流破损险服务。

当商家发货时，在“已买到的宝贝”相应订单下方会显示“保险服务”，点击进入即可查看保单详情。

■ 如何理赔

当你收到货后，发现你购买的商品有破损，你可在签收快递后的72小时内进行理赔。

理赔的流程如下所述。

第一步：在淘宝保险的物流破损险界面下方，点击“我要赔偿”按钮。在“申请赔偿”界面，输入订单编号，点击“提交”按钮。

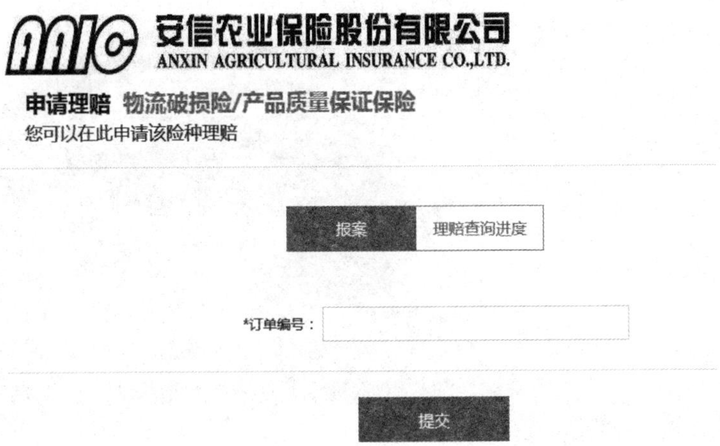

第二步：按保险公司要求提供理赔资料，包括姓名、支付宝账号、旺旺号、手机号、订单与物流信息记录、订单下所有商品的全景照片、每件受损商品照片等。

第三步：等待保险公司核赔，通过后保险公司将直接把赔付款打至买家的支付宝账号。

需要注意的是：在申请理赔前，需确保该笔订单状态为“交易成功”。

8.10 创新保险产品：创新汇

在余额宝将互联网与基金行业牢牢地捆绑在一起之后，淘宝保险也向外界揭示了互联网与保险行业的融合现状。

截至2016年8月，淘宝保险完成的保险交易已经超过15亿笔。更为重要的是，淘宝保险向保险行业呈现出网络世界中庞大的保障需求——互联网将成为保险创新的巨大温床。

在淘宝保险的“创新汇”板块，有各种保险创新产品。

2016年5月23日，淘宝保险的“创新汇”推出一款号称能“享受高温补贴”的保险产品——“众安37℃高温险”，覆盖30座主要城市，其中甚至包括南京、南昌、重庆、武汉、杭州、福州等新老“四大火炉”城市。

产品一上市很快吸引了人们的关注，大家都想弄明白这个高温险到底是怎么回事。“众安37℃高温险”是国内首个面向个人的气象指数保险产品。在这个保险里，投保人可以选择自己生活或者工作的城市进行投保，如果所在城市的酷暑天气累计超过约定天数，那么保险公司会按照酷暑日天数支付保险金，补贴投保者因为高温而产生的额外生活成本，每份保单最高可以获得百元赔付。

你可以直接在淘宝保险首页，点击“创新汇”，选择“37℃高温险”进行投保。投保流程和本章第四节购买保险理财的流程是一样的。

“众安37℃高温险”每份保费10元，最高可获得100元的赔付。投保者必须年满18周岁，每次限购99份。假如一个投保者一次性买了99份，那么一旦保险生效，最高可以获得9900元的保险金赔付。

例如，小郑在重庆上班，他花了10元钱购买了一份“众安37℃高温险”，保险期为2016年6月21日至8月23日。保险合同规定，此保险的免赔付天数是25天。

假如在保险期间，重庆累计出现了25天37℃的高温日，那么从第26个37℃高温日开始，小郑就可以领取高温补贴了，每天5元钱，领取上限为100元。就是说，小郑最多可以领20天的高温补贴。

假如在保险期内，重庆累计出现的高温日只有25天或者还不足25天，在免赔付范围之内，保险公司不予赔付。

高温险的赔付方式也非常便捷：保险公司根据中央气象台发布的对应城市的实际气温数据自动计算，当高温累计天数达到赔付条件时，系统将自动把保险金打到投保人的账户里，不需要投保人出示任何资料。这与普通保险需被保险人主动申请理赔的模式不同。

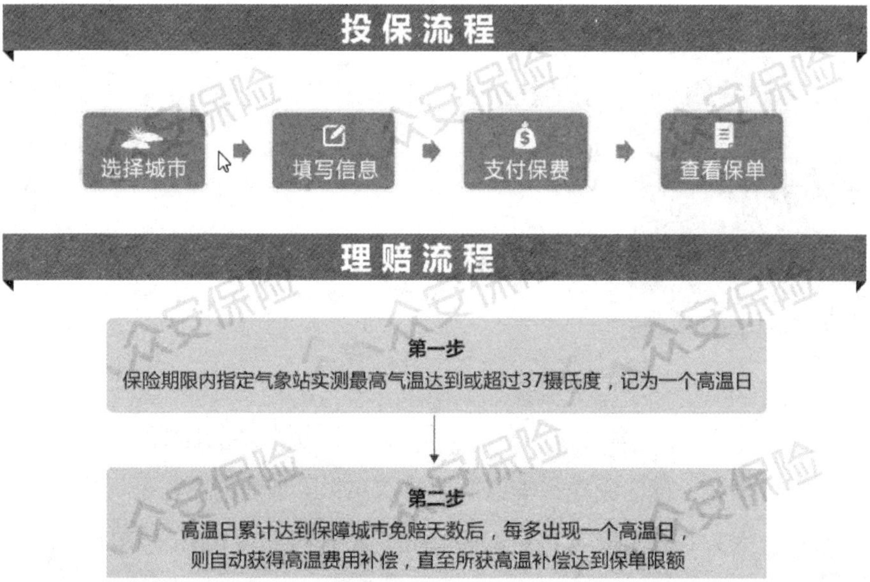

这款高温险一经发布就备受争议，因为是国内首个面向个人的气象指数保险产品，会有多少人愿意做第一个吃螃蟹的人呢？众安保险的相关负责人表示，“众安37℃高温险”是一款真正意义上的关切个人生活的气象指数保险，它的目的是补贴投保者因为持续高温天气造成的额外

经济支出。

淘宝保险推出高温险产品，充分体现了其互联网创新思维。在产品设计上，根据对全球气候变化的精准判断以及对不同城市高温天数的数据分析，针对不同的城市设置了不同的免赔天数，既维护了消费者的利益，也维护了保险公司的利益。

在推广营销方面，该险种和时下最流行的电子商务及移动端合作，把投保流程和赔付流程简单化，方便了广大投保者的购买。

8.11　购买保险注意事项

随着“钱生钱”理财观念的普及，理财型险种越来越受人们青睐。如今，给自己和家人买份保险已是家庭最普通的消费之一了，保险作为理财的重要组成部分越来越受重视。

但由于缺乏保险知识，再加上一些保险代理人的“大力”推荐，很多人投保很盲目。如何切合实际地为自己和家人购买合适的保险产品成为很多人面临的新问题。

购买保险要注意下面两方面的问题。

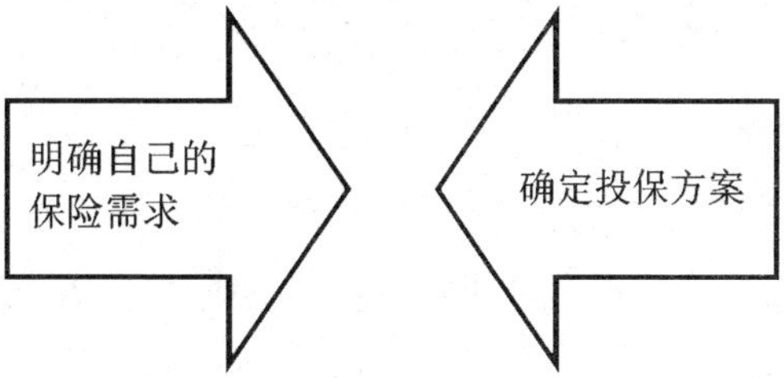

■ 明确自己的保险需求

在购买保险之前，首先需要明确自己的保险需求。根据自己的需求强度做一个排序，优先考虑最需要的险种。

通常，保险公司都会根据人们日常生活中的六大需求来设计保险产品，这六大需求为：

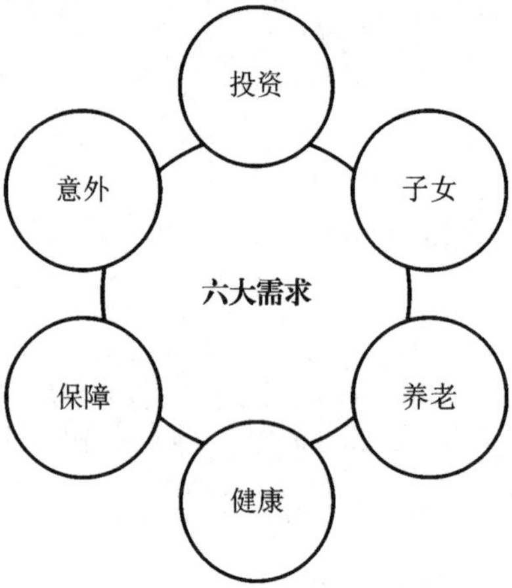

以中年人为例，其保险需求的强度依次为：

意外>健康>保障>养老>子女>投资

这个顺序是根据不同年龄段具有的特点来排列的。比如以健康需求为最先需求的，首先要考虑自己和家人将来可能面临的医疗费用风险。

■ 确定投保方案

在了解和确定了自己的需求以后，就要将保险公司、保险产品加以比较，综合确定一个方案。在挑选保险产品时，保险公司的规模、声誉、潜力等都非常重要。是否能够真正维护你的利益，很大程度上取决于这个保险公司的服务。我们在选择保险产品的时候，也并不是“保险保障范围越大越好，功能越多越好”。

无论买何种保险产品，第一要考虑的是保险的保障功能。只有在事故风险发生后，投资类保险产品的保障功能才能生效。所以，当消费者购买投资类保险产品时，一定要明确此类产品的保障范围。只有将保障功能作为购买投资类保险产品的动因，才是正确的购买保险思路。

找到符合自己需求的保障功能，且性价比最优的产品是很重要的。成百上千的保险产品看起来很相似，实际上每个产品的设计特色不一样，其保障范围也不一样，保险产品没有绝对最优，只有相对最优。

因此，我们在购买保险之前，一定要设计一个能够保障长远利益的保险方案，这样才能切实保障自身的利益。

本章精彩导读

什么是淘宝众筹
如何购买淘宝众筹项目
如何发起淘宝众筹项目
如何推广淘宝众筹
如何分析众筹项目的可行性
如何避开淘宝众筹的风险

第 9 章　淘宝众筹，投资或发布你感兴趣的项目

淘宝众筹是一个支持普通人实现梦想的平台，不论你是淘宝卖家或买家，还是学生、白领、艺术家、明星等，如果你有一个想完成的计划（例如：电影、音乐、动漫、设计、公益等），你可以在淘宝众筹发起项目向大家展示你的计划，筹集资金圆梦。项目成功后，你需要按照承诺向支持者进行回报。

9.1 什么是淘宝众筹

众筹，对很多人来说是一个新鲜的“旧名词”。新鲜是因为它眼下与金融、互联网联系在一起，成为席卷世界互联网金融的“核心”；“旧名词”是因为众筹一直存在于人们的生活当中，从结婚中的“份子钱”到“集资建房”，都是众筹。

虽然众筹是近几年才广为兴起的融资模式，但其实早在千百年前，众筹行为就已经出现。18世纪时，音乐家莫扎特、贝多芬创作音乐苦于没有足够的资金，为了筹集创作资金，他们会去找一些订购者，这些订购者给他们提供一定量的资金。当作品完成时，作为回报，这些订购者会获得一本写有他们名字的书，或是乐谱副本，这就是早期的众筹。

由此可见，众筹在西方有着悠久的历史。传统众筹主要侧重于文学艺术领域，具有回报性。

那么，到底什么是众筹呢?

众筹，顾名思义，聚众人之力筹集资金去办一件事。特别是以资助个人、公益慈善组织或商事企业为目的的小额资金募集。

随着互联网时代的到来，特别是互联网金融发展时代的到来，在旧时代已初显雏形的众筹，在新时代开始崛起。众筹的涵义发生了巨大的变化，更多指向金融领域里创新的直接融资手段，并逐步分化出股权、债权、捐赠、奖励等多种形式，其对传统金融与实体经济的影响与日俱增。众筹电影、众筹书店、众筹咖啡馆等就是众筹衍生出来的产品。

现代众筹的涵义最初深入人心大概要归功于Kickstarter.com等一批文

艺青年创建的网站。通过Kickstarter.com的平台，人们可以为艺术和非盈利事业捐募资金。比如，筹资在美国底特律建立一座机械战警雕像，为计划出版新专辑的草根乐队、或者将赴危险的战争地带采访的记者来筹集一笔款项等。

传统的众筹是指用“团购+预购”的形式，向人们募集项目资金。而现代众筹是通过互联网发布需要筹款的项目来募集项目资金。和传统的众筹相比，现代众筹更为开放，只要是人们喜欢的项目，都可以通过众筹来获得项目启动资金，为更多的小商家和创业人士提供了创业机会。

筹资者将需要众筹的项目通过众筹平台进行公开展示，浏览网站的人，对这些项目进行赞助、支持和投资。这就是现代众筹的真正涵义。虽然个人的投资额度小，但胜在人多，聚沙成塔，众筹成功的筹资者便可获得所需的资金。

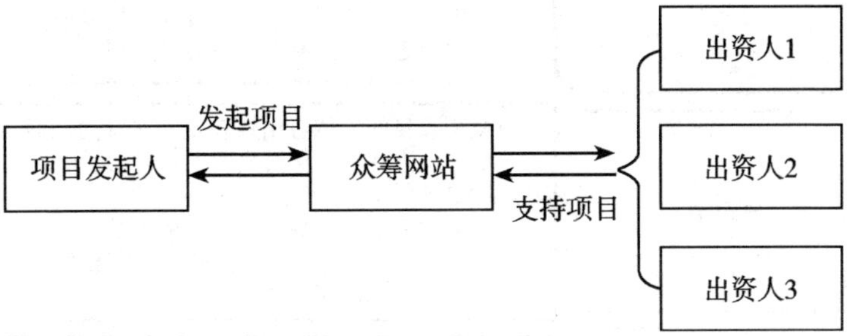

预计到2025年，国内众筹规划将达到450亿~600亿美元。如果你还仅仅只接触过余额宝，还在愁项目找不到融资，那么，请先了解什么是众筹，然后亲自感受一下众筹的火爆和魅力吧。

淘宝众筹是一个支持普通人实现梦想的平台，不论你是淘宝卖家或买家，还是学生、白领、艺术家、明星，如果你有一个想完成的计划（例如：电影、音乐、动漫、设计、公益等），你可以在淘宝众筹发起项目向大家展示你的计划，筹集资金圆梦。项目成功后，你需要按照承诺向支持者进行回报。

如果你愿意帮助别人，支持别人的梦想，你可以在淘宝众筹平台浏览到各行各业的人发起的项目计划，也可以成为发起人的梦想合伙人。当你们一起见证项目成功后，你还会获得发起人感谢你支持的回报。

如今，质量较高的项目、参与人数较多的项目大多都在淘宝众筹展示，无论从众筹平台申报项目数量、线上项目数量、覆盖的人群、覆盖的品类、覆盖的商家、成功几率和项目本身获得的资源来看，淘宝众筹在国内毫无疑问排名第一。

2015年，淘宝众筹发展迅速。截至2016年8月，淘宝众筹共有1500多个项目上线众筹，参与人数超过280万，累计众筹金额超过3亿元。

相对其他众筹平台而言，淘宝众筹有着自己的优势。

易实现	•淘宝众筹发起的众筹项目规模一般较小，小规模的众筹项目对支持者的出资要求低，有利于更多的人参与，更容易实现
风险小	•众筹项目的支持者出钱多是购买行为，而不是投资行为，从而决定了众筹融资的风险相对较小 •淘宝众筹是一个完全开放、免费的平台，淘宝不向项目发起人或支持者收取任何手续费或利润分成等费用
低门槛	•众筹融资无论对众筹项目发起人还是对支持者来说都具有门槛低的特点，能够吸引很多有创意、有价值的项目，能够吸引互联网上庞大的用户群体参与，实现积少成多、众人拾柴火焰高的目标

■ 淘宝众筹的运作模式

淘宝众筹项目的动作主要由项目发起人、支持者、淘宝众筹平台这三个部分组成。

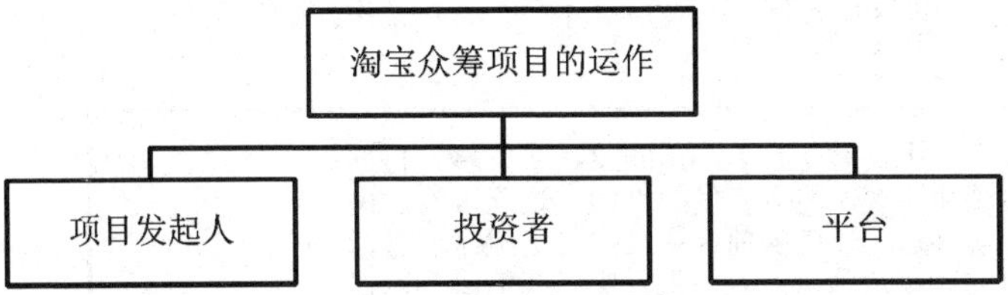

（1）项目发起人。要在淘宝众筹平台上发起众筹项目，项目发起人需要符合以下四个条件。

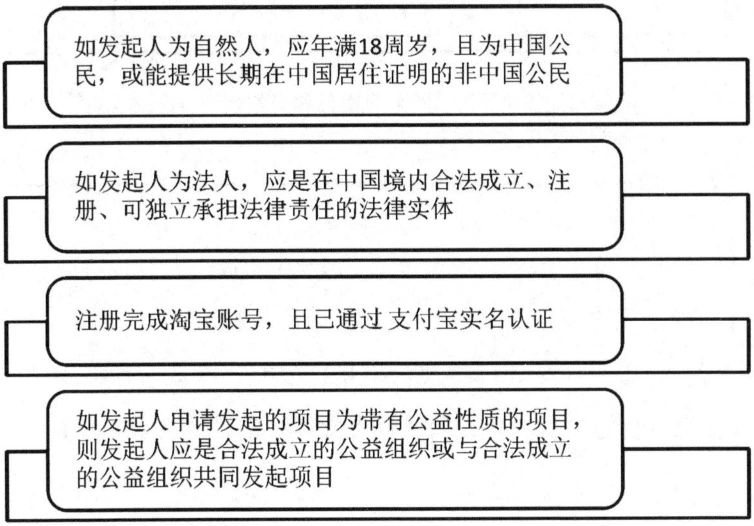

（2）投资者。投资者往往是数量庞大的互联网用户，他们利用在线支付方式对自己感兴趣的创意项目进行小额投资，每个投资者都成为了“天使投资人”。

投资者所投资的项目成功实现后，投资者获得的不是资金回报，而可能是一个产品样品。例如一块手表，也可能是一场演唱会的门票或是一张唱片。

（3）淘宝众筹平台本身。淘宝众筹平台既是项目发起人和投资者的中介机构，又是项目发起人的监督者和辅导者，还是投资者的利益维护者。

上述多重身份的特征决定了淘宝众筹平台的功能复杂、责任重大。

首先，淘宝众筹平台要利用网络技术支持，根据相关法律法规，将项目发起人的融资需求发布出去。实施这一步骤的前提是在项目上线之前进行细致的审核，确认内容完整真实、有价值，以保证投资者的利益为前提

↓

在项目筹资成功后要监督、辅导和把控项目的顺利开展

↓

当项目无法执行时，平台有责任和义务督促项目发起人退款给投资者

总之，只要你有创意、有梦想，或是想帮助他人，都可以在淘宝众筹平台实现，无论是出专辑、拍摄微电影、设计服装、出书、做公益，或是和音乐、影视、设计、科技、书籍、公益、游戏、动漫相关的项目都可以在淘宝众筹平台发布，向投资者推荐你的计划并寻求支持。

9.2 如何购买淘宝众筹项目

购买淘宝众筹项目的操作方法如下所述。

第一步：进入淘宝，登录自己的账号。鼠标下拉，在“特色玩味控”里找到“淘宝众筹”，点击进入“淘宝众筹”。

也可直接输入网址https://izhongchou.taobao.com/index.htm登录淘宝众筹。

第二步：在“淘宝众筹”首页，有各种众筹项目，你可以一一浏览，选择你要购买的众筹项目。或者点击“浏览项目”，浏览该项目的详细情况。

第三步：点击你感兴趣的众筹项目，你会看到该项目的筹款情况，包括目前累计资金、支持人数、剩余时间和项目介绍等。

第四步：查看众筹项目详情后，确定购买，点击“我要支持”按钮。系统会跳出不同的预购回报，根据你的实际情况，选择你要支持的金额，点击“支持”按钮。

第五步：进入“确认订单信息”界面，确定收货地址，点击“提交订单”按钮。输入支付宝支付密码，投资众筹项目成功。

投资者需要注意的是：购买淘宝众筹项目的时候，需先了解项目的情况，包括发起的团队情况，阅读协议须知，慎重考虑是否进行投资。

9.3 如何发起淘宝众筹项目

自2014年开始，众筹在我国发展逐渐升温。而大众创业、万众创新时代的到来，使得众筹这种创新的互联网金融模式正在迎来一个全新的发展机遇。随着众筹平台的大量涌现，互联网巨头们也不甘人后，纷纷强势进入这一领域。

继京东众筹上线之后，作为竞争对手的阿里也顺势推出了淘宝众筹。淘宝众筹以“认真对待每一个梦想”为口号，创业者可以借助这一实力雄厚的平台发布自己的项目并募集资金，实现自己的创业梦想。那么，在淘宝众筹如何发起项目呢?

■ 发起众筹项目的操作步骤

发起淘宝众筹的操作步骤如下所述。

第一步：在“淘宝众筹”的首页，点击“发布项目”按钮。

第二步：进入“填写项目信息”界面。按要求填写项目信息，包括：项目类别、项目名称、项目图片、发起城市、项目概述、筹款天数、目标金额、订金占比等。

填写项目概述时需要填写四个方面的信息：

（1）关于你自己：你要向支持者介绍一下你自己，以及你与所发起项目之间的关系。这有助于拉近你与支持者之间的距离。建议字数不超过100字。

（2）你的项目介绍：以图文并茂的方式简洁地说明你的项目，让支持者一目了然。这是决定支持者是否继续浏览你的项目的关键。

（3）为什么需要大家的支持：说明你的项目特色、资金以及支持你项目的理由。这会让更多人关注支持你。建议字数不超过200字。

（4）你的承诺与回报：以图文并茂的方式展示你为支持者准备的回报，以吸引更多人的关注，并支持你的项目。

订金占比：是指发布众筹项目时，需要填写可以收到的首付款在全部货款中的占比。筹款成功时，可以收到该占比款项，只有当买家确认收货后，你才可以收到全部货款。

目标金额：项目目标金额目前不能低于1000元，不能高于10亿元。

筹款天数：筹款天数最长为90天，建议设置为30天比较合理。

填写完项目信息后，点击下面的“提交”按钮即可。

第三步：等待众筹平台审核你的项目。一般15个工作日内即可完成审核，请耐心等待。

如果想查看你的众筹项目审核进度，可以在“淘宝众筹”首页右侧点击“我的众筹”。在“我的众筹”界面，点击“我发起的”，即可查看你发起的众筹项目的详细进度。

■ 如何提高项目成功的几率

你发起的项目首先要符合下面七项要求，如有任何一项不符合，项目将无法通过审核。

（1）项目须与音乐、影视、漫画、设计、科技、摄影、书籍、公益相关；

（2）项目应为具有创新性质且具有可执行性的项目，且项目目标须是明确、具体、可衡量的，如制作一首单曲、拍一部微电影或完成一件艺术品等；

（3）项目的内容必须包含“我想要做什么事情”“项目风险”“项目回报”“为什么需要支持”；

（4）项目内容须符合法律法规及淘宝规则的规定；

（5）项目内容及发起人上传的相关项目信息（包含但不限于文字、图片、视频等）须为发起人原创，如非发起人原创，则发起人应已获得权利人的相应授权，且权利人允许发起人转授权给淘宝及淘宝的关联公司，在淘宝网及淘宝关联公司的其他官方网站及线下媒体出于宣传淘宝众筹平台的目的而进行永久的免费宣传、推广、使用；

（6）不在项目中为已经完成生产的商品进行销售，公益相关项目除外；

（7）不在无实质项目内容的情况下纯粹为公益组织发起募捐或以发起类似“资助奖学金”“资助我去旅游”等为满足发起人个人需求之目的筹款。

淘宝众筹平台对项目的审核仅针对项目的合理性、项目内容与回报的匹配度等进行审核，发起人应保证发起的项目内容合法，且不侵犯他人合法权益。

在保证项目审核通过的前提下，如何提高项目成功的几率，主要还是在于你的项目是否足够吸引人。

为了让你的项目更吸引人，可以使用以下几个技巧。

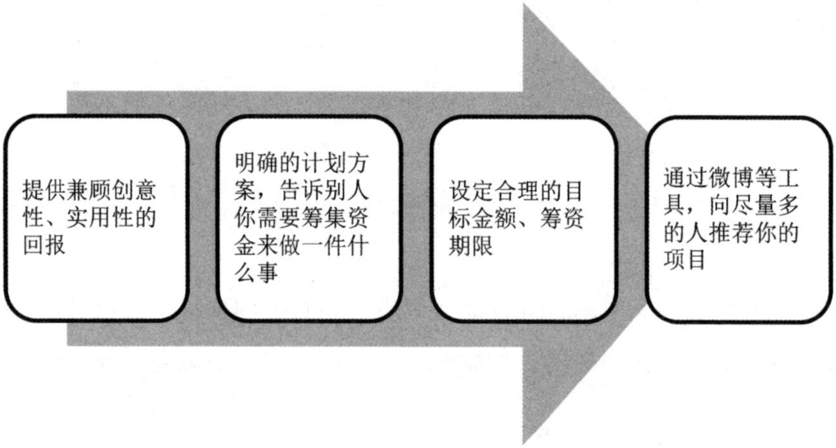

■ 如何收到款项

淘宝众筹的出现，让很多有才华的人有了实现梦想的机会。众筹项目发起的初衷就是为了筹集自己所需要的资金，在淘宝众筹集资成功后，怎样才能收到款项？

如今，越来越多的项目等待集资，但是，一个项目只有在规定的时间内筹集到目标资金才叫众筹成功，项目发起人才会收到淘宝众筹交付的钱。

换句话说，不是所有项目都能众筹成功。比如，小陈现在有个项目需要50万元的资金，他在淘宝众筹上发起筹款，预定筹款时间是30天，筹款目标是50万元。那么，如果他在30天内筹集到了50万元甚至更多的金额，则算筹款成功，反之则筹款失败。

项目发起人为了让自己的项目能够众筹成功，大部分会把筹款时间定在30~60天，其中，30天的众筹项目占的比重较大。筹款时间越长，投资者获得回报的时间也越长。投资者都希望尽快获得投资回报，项目发起人为了吸引投资者投资，都把筹款时间定得比较短。

有很多前景非常好的项目，得到许多投资人的青睐，还没到筹款截止期就已经筹到目标金额，甚至超过了目标金额。但是，众筹不能提前结束，必须要等到截止期那一天。一旦到了筹款截止期，不管筹款是否成功，淘宝众筹后台都会自动关闭该项目。

众筹成功后，就能得到全部的资金吗？万一项目发起人拿了钱不办事怎么办？这些问题无需担心。众筹成功后，淘宝众筹会把一部分定金发给项目发起人作为启动资金。通常，项目预计回报发放时间是众筹成功后的30天内。也就是说，项目结束后的30天之内，项目发起人就会把回报发放给支持者。支持者确认收货后，淘宝众筹才会把尾款发给项目发起者。众筹到的钱不是一次性付给项目发起人的，而是分两次。这样，投资者的利益就得到了双重保障。

众筹也是一种投资形式，投资有风险。现在，众筹平台上的很多项目筹款成功但项目却无法顺利完成。许多项目因为种种原因并没有在规定的时间内向投资者发放回报，甚至还有不少企业因为经营不善而倒闭，这种现象就是跳票。跳票，不仅损害了投资者的利益，还让投资者对众筹失去了信心。

淘宝众筹除了为项目发起者提供一个融资的平台，也要保护好投资者的利益。项目发起人在众筹项目发起时会设置一个启动资金比例。众筹成功后，淘宝会按照这个比例把启动资金发放到发起人手里。

除此之外，淘宝众筹为了保护投资人的利益，防止项目“跳票”，还引入了商业保险，进一步降低了投资者的投资风险。

9.4 如何推广淘宝众筹

当你的众筹项目审核通过后，就会发布在众筹平台上。在如今的移动互联网时代，你的众筹信息怎样才能传递给更多的投资者?

再好的创意项目，也需要传递给投资者后才能进行下一步。因此，众筹项目如何推广就变得很重要。或者，你可以将其称为占领上网流量的入口权，抢占入口权将有助于引导投资者的上网流量流向你希望的众筹目标。

在这里，向大家介绍两种推广众筹项目的方法和技巧。

■ 微信推广

微信的出现以及崛起，影响了移动互联网的格局。微信是个大金矿，上线3年，累计注册用户达11.2亿，月活跃用户4.4亿。这是一个什么概念？也就是说，中国有1/3的人经常使用微信，从年龄、职业分布来看，这部分人也是国内的消费主力人群。

微信本身是社交工具，能产生社群效应，这是启动众筹活动的天然优势，可以说微信与众筹活动的搭配是“天作之合”。

那么，微信作为众筹最重要的推广工具，应该如何在朋友圈推广众筹项目并吸引用户呢？

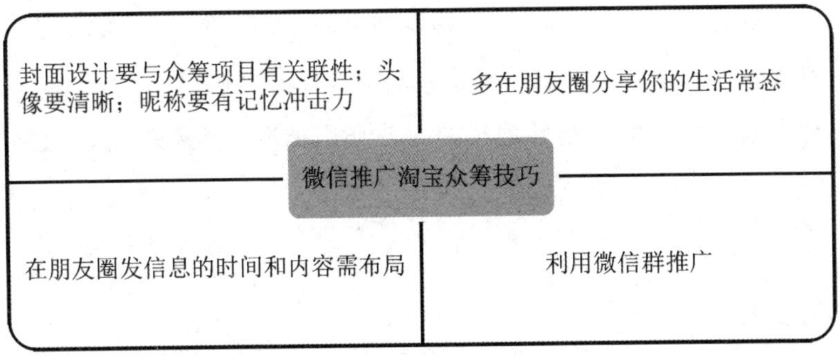

（1）装修设计方面。首先是封面，可以使用个性化图片，这就有了展示众筹项目的机会，这个图片可以自行设计，最好与众筹项目有关联性；其次是头像，可以使用真实头像，图片要清晰，如果是本人，最好专门拍一个跟项目相关联的头像，比如手持自己的产品；再次就是昵称，昵称要有记忆冲击，易于记住。如果是众筹影片的，可以是影片的海报、名字等等，让人一看就知道是和影片有关的。

（2）多在朋友圈分享你的生活常态。别动不动就在朋友圈说众筹产品多么好。如今，信息很发达，随便一搜索就能搜到大量相关信息，人们对朋友圈的众筹信息已有疲劳感，因此最好多分享生活常态的东西。

（3）内容布局。在朋友圈发信息的比例控制在3∶1，即三条生活信息，一条众筹消息。并且这条众筹消息不能是纯粹的广告，要以插播的形式展现出来。

在时间上控制一下，比如间隔2个小时发一次朋友圈，一天发5条，其中3条生活常态信息，一条众筹信息，一条分享的娱乐消息，切忌刷屏。

（4）利用微信群这一推广通道。微信群的玩法不能只是群发这样的粗放模式，需要精耕细作。可以利用微信红包，让大家去抢。发红包的时候可以发祝福语，祝福语可以写点跟众筹项目相关的内容，抢了红包的都能看到。

微信依托于腾讯在中国互联网即时通信领域的多年耕耘，其资源整合能力很强。与此同时，微信兼具移动电商入口的应用，无论是对微信自身的发展，还是对众筹项目发起人来说，都是有利的。

有志通过微信推广众筹项目的人，利用精准、互动的推广服务打动投资者，便可以在轻松实现融资。

■ 微博推广

微博让创业者有了一个打造品牌的机会。微博推广对打造众筹品牌是有利的，而微信则对众筹产品的推广是有利的。可以这样说，微博是把明星草根化，更接地气，能够很好拉拢粉丝关系；微信则是把草根明星化，建立权威，能够很好地维护投资者，两者的有机结合，为众筹带来更大的商业价值。

微博在网络上的号召力是毋庸置疑的，仅凭寥寥几句就可获得较好的推广效果。那么，如何进行微博推广呢？

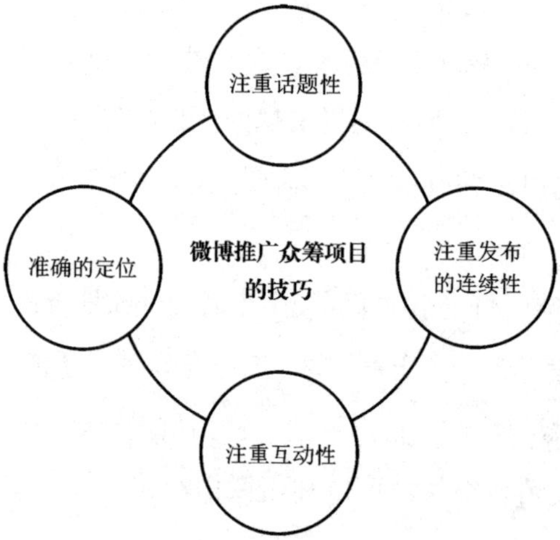

（1）注重话题性。众筹发起者可寻找热门话题，把众筹项目的关键字放到话题中，这样发出去的微博被收录后，有人在搜索这个话题，就可以看到该项目的信息。

要注意的是，搜索一般是按时间顺序排列的，所以利用话题发布微博应选在用户搜索高峰期，这样被搜索的次数就会有很多。

（2）注重发布的连续性。微博就像一本随时更新的电子杂志，要注重定时、定量、定向发布内容，让大家养成观看习惯。当其登录微博后，能够想着看看你的微博有什么新动态，这无疑是成功的最高境界，虽很难达到，但你需要尽可能出现在他们面前，先成为他们思想中的一个习惯。

（3）注重互动性。微博的魅力在于互动，拥有一群不说话的粉丝是很危险的，因为他们慢慢会变成不看你内容的粉丝，最后更可能是离开。因此，互动性是使微博持续发展的关键。第一个应该注意的问题就是，众筹项目宣传信息不能超过微博信息的10%，最佳比例是3%～5%。更多的信息应该融入粉丝感兴趣的内容之中。

（4）准确的定位。如果你想推广一个玩具行业的众筹项目，那么就围绕一些该产品目标顾客关注的相关信息来发布，吸引目标投资者的关注，而并不是只考虑吸引眼球。

其实，淘宝众筹平台已经是一个公众认知度较高的平台，拥有大量的消费者群体。以上两种推广方式可起到锦上添花的作用，如果能合理地运用，则能获得不错的推广效果。

9.5 如何分析众筹项目的可行性

启动众筹项目之前，必须对众筹项目做可行性研究。可行性研究要考察多种可能的方案并识别隐藏的问题。一般来说，众筹项目可行性研究要做好以下三个方面的工作。

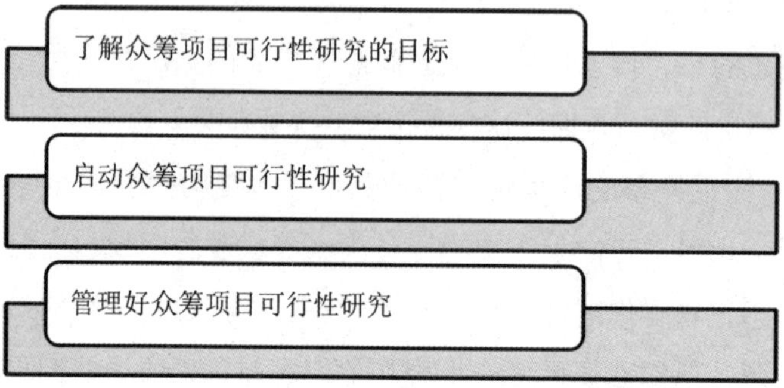

■ 了解众筹项目可行性研究的目标

众筹项目可行性研究需要时间和金钱的投入，对它进行有效的管理非常必要，如果能够理解可行性研究的目的和项目成功的评价指标，就可以集中精力做好工作。

每个众筹项目的可行性研究内容不尽相同，但是以下几点是基本的、重要的：

考察备选方案。考察尽可能多的方案，对每一种方案都要分析一下，看看在市场和技术条件的限制之下，这个方案是否可以改进一下。

对重要问题做出明确回答。可行性研究必须对一些重要问题做出明确的回答，特别是在考察备选方案时。这些重要问题包括：对众筹项目成本和收入的估算，对项目参与各方各自目的的理解，确认项目在技术和财务方面的可行性，估算出可能得到的经济、金融回报。

评价各个方案。可行性研究要能够得到足够的信息用于评价各个方案。这些评价指标要考虑众筹项目的目的和项目发起人的利益。

提供众筹项目实施方案。可行性研究的结果要能够提供未来众筹项目方案实施的思路。可以把可行性研究看做是一个过滤器，它滤去了那些不能满足众筹项目目标的方案。

可行性研究最终要为下一个阶段提供一个更新过的项目产品规范和该阶段的工作计划，它同时可以为项目实施阶段提供计划草案。

■ 启动众筹项目可行性研究

启动众筹项目可行性研究需要经过以下五个步骤。

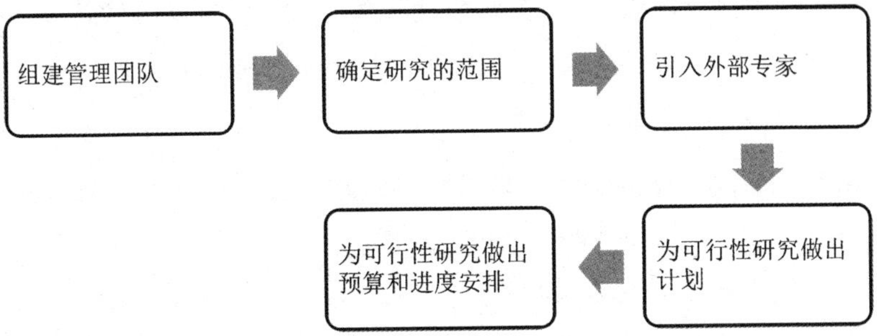

（1）组建管理团队。为众筹项目的可行性研究组建一个管理团队，由经验丰富的管理者和团队成员组成。团队的组合根据项目的性质而决定。一般来讲，这个团队应该包括技术、金融、营销方面的专家。对于大的项目，团队还会包括经济学家、法律和环境方面的专家以及人力资源专家等。可行性研究的组织管理者不一定是随后进行的规划、组织、实施、控制项目的项目经理，但是最好能够让项目经理成为项目可行性研究团队的成员之一，这样，项目经理才能够对项目有更深刻的理解，对项目产生更强的主人翁意识，对项目成功作出更大的贡献。

（2）确定研究的范围。确定可行性研究的范围，要明确研究所要做的工作和对研究工作的一些约束条件。管理者必须明确为方案决策者提供什么样的信息，以便于他们对各个备选方案进行评选。

（3）引入外部专家。邀请外部专家参与并加入到可行性研究的核心团队，如果仅仅是临时调用，需要得到有关方面的许可。

（4）为可行性研究做出计划。所制定的计划包括里程碑计划和职责表。里程碑计划应该划分出可行性研究的关键阶段，定义中间报告和最终报告，计划还应该包括会议和数据收集等等。计划应该突出强调那些后备考察项和它们之间的相互关系，确保从不同角度的调研能够综合在一起。所做的计划既要保持相对稳定，也要有一定的灵活性来应对没有预见到的变化。

（5）为可行性研究做出预算和进度安排。为可行性研究制定时间表和安排预算。时间和预算要计划充分，要能够对备选方案做出有深度的研究，否则将影响众筹项目的可行性。

此外，需要注意的是，预算是为了做好适度的可行性研究，而不是要做类似在设计和评估阶段的更深层次调研。

■ 管理好众筹项目可行性研究

一旦制定了股权众筹项目可行性研究的计划，就要对它进行管理，下面是管理可行性研究的三个主要内容。

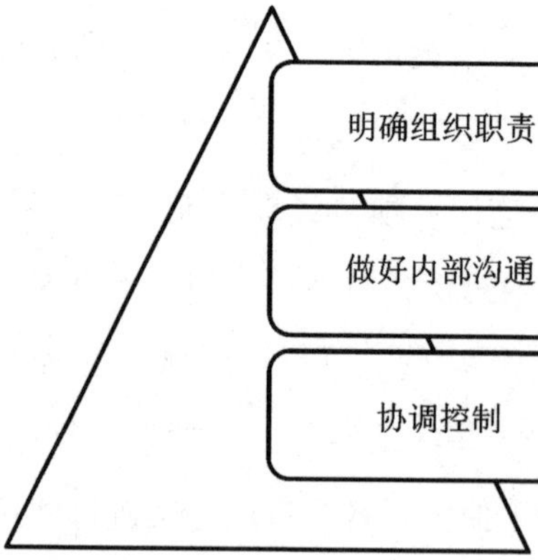

（1）明确组织职责。要明确组织的职责，首先需要采取一种基于里程碑式的、有针对性的、灵活的团队组织结构。团队成员要清楚期望得到什么、什么时候得到。他们也同时理解如何能够使自己的工作与可行性研究的框架相一致，要能知道该向谁汇报。这就要求角色和责任定义必须清晰，使用职责表是一个非常有效的工具。

（2）做好内部沟通。众筹项目可行性研究的实施要求团队成员之间充分地沟通。管理者应该保持与众筹项目发起者的频繁沟通，确保研究目标符合众筹发起者的要求，确保任何需求的变更都能被识别出来。同时，团队也应保持良好的内部沟通，沟通体系要能够保证所收集的信息对于团队成员是容易查询和获得的。

（3）协调控制。管理者承担对可行性研究进行控制的责任。必须确保众筹项目的各个阶段目标能够按时完成，并确保所有目标的完成能够及时地得到最终的研究报告。

作为一名众筹投资者或准备利用众筹创业的人，在决策之前一定要做好众筹项目可行性研究，盲目地乱上项目会铸成大错。

9.6 如何避开淘宝众筹的风险

众筹本身具有非常广阔的前景和发展空间，但是同时也存在很多风险。下面就谈一谈淘宝众筹所面临的三大风险。

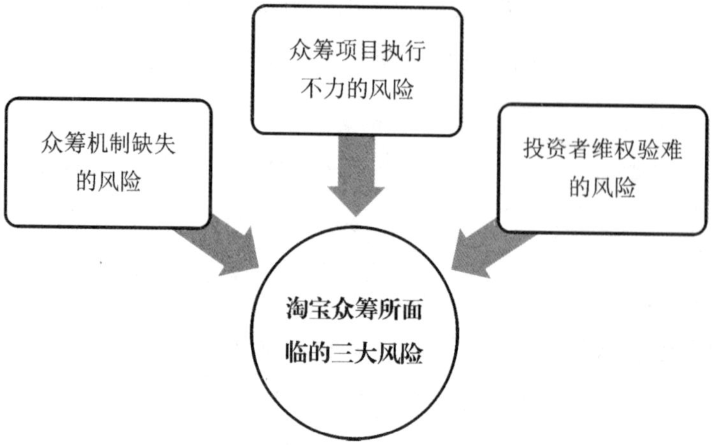

■ 众筹项目执行不力的风险

淘宝众筹平台上最常出现的问题就是项目延误或项目流产。通常，众筹项目的产品创新性和独特性都很高，面对新型的项目，发起人可能因能力不足、个人经验太少、生产工艺不成熟，甚至团队配合不默契等，这些客观因素都可能导致项目无法正常进行。

这些问题的产生，外部因素占的比例很大，投资者比较容易接受和理解。

让人难以接受的情况是，项目的失败是由于项目发起人的懒惰、执行力差、缺乏责任心等主观因素。由于主观因素导致投资人的利益受到损失是最让人失望的。

众筹有一条规定，就是发起人可以修改项目或产品内容，最后以实际产品为准，就好像促销活动海报末尾都有一行小字“本活动最终解释权归商家所有”，消费者比较弱势，当出现这种情况时，只有无奈接受。

但是，项目违约对项目发起人来说影响还是比较大的。

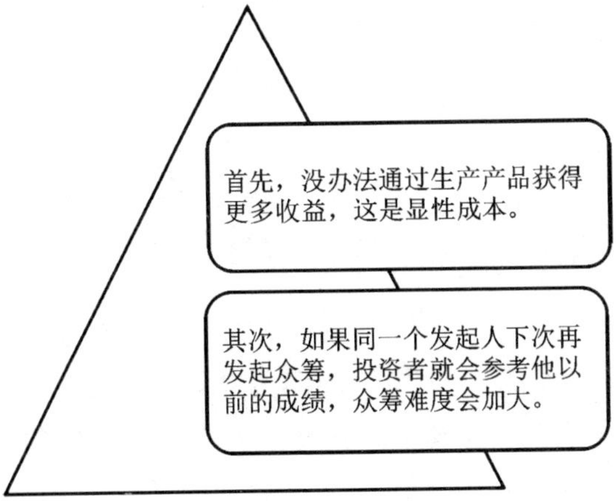

虽然这些成本的产生，会给项目发起人形成一定的制约，但是淘宝众筹平台在项目的跟踪和管理方面仍未完善，项目发起人的违约成本太低。淘宝众筹应解决这个问题，降低投资者的投资风险。

■ 众筹机制缺失的风险

传统的融资，是融资者去银行贷款，或是将房产、车子等抵押给私人借贷，融资成本太高。

淘宝众筹拉近了投资人和融资者的距离，实现了一个融资发起者不用面对高额融资成本的理想状态，投资人的主动权也很大，可以根据自己的喜好和经济能力来投资。

普通的预售要遵循合同法和消费者权益保护法等相关法律的要求，如果销售方不能按时发货，或者商品质量低劣，消费者可按照相关法律进行维权。

但目前还没有一个完整的针对众筹的维权机制。投资者对一个项目的预付款，既是对这个项目的投资，也是对这个项目出产产品的预购。一旦项目出现问题，投资者如何把损失降到最低，还未可知。

因此，加大对投资者的保护，降低投资者的风险，完善众筹机制是淘宝众筹面对的重要任务。在众筹机制健全前，投资者应增强自我保护意识，提高风险承受能力。

■ 投资者维权难的风险

投资者权益保护并非简单的事情，它涉及很多方面，前面提到的项目风险和机制风险都包含其中。其次，众筹对于投资者损失的认定，举证和计算的方式都不健全，增加了投资者维权的难度。

比如商品众筹，项目失败的概率是很高的，但是项目失败本身这件事情并不是对投资者权益的损害，真正的损害来自于以下两个方面。

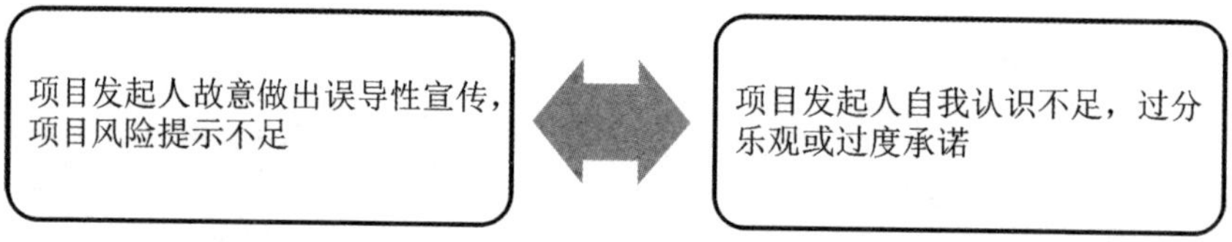

这两种损害的区别很难界定，从投资人方面来说，判断项目的投资价值以及发起项目的能力，本身就是对投资者的一项考验。

出现这种情况，就算项目发起人本身目的就不纯洁，也只能怪投资者自己识“项目”不明，连损失认定都难以做到，别说接下来的举证、损失估算和维权了，只能自认倒霉。

但是，伪造身份、虚构材料和证明文件甚至伪造不存在的产品这种恶性事件，目前在众筹平台上还没有出现过。

对于诈骗性质不明显的众筹项目，假如投资者想采取法律的途径解决，由于涉案金额小，每个投资者出资少，加上案件还存在败诉的可能，投资者是否与项目发起者对簿公堂，也有待商榷。

所以，目前众筹投资者的维权之路会很艰难，因此，投资者在投资众筹项目时应谨慎、警惕。

本章精彩导读

什么是蚂蚁达客
如何登录蚂蚁达客
如何认证合格投资人
如保投资蚂蚁达客的股权众筹项目
如何寻找靠谱的股权众筹项目
如何保障投资权益
蚂蚁达客的股权众筹交易规则

第 10 章　蚂蚁达客，利用股权众筹分享企业经营利润

蚂蚁达客利用互联网技术和大数据优势，以股权为支点，撬动企业的成长梦想。投资者可通过蚂蚁达客寻找投资机会，基于对特定行业的理解，投资自己理解、认可的企业，分享企业的经营利润。

10.1 什么是蚂蚁达客

蚂蚁达客是一个致力于服务企业和创业者的互联网股权众筹平台，在介绍什么是蚂蚁达客之前，先来了解一下什么是股权众筹。

股权众筹，是指企业面向普通投资者，出让一定比例的股份，投资者通过出资入股公司获得未来收益。这种基于互联网渠道而进行融资的模式被称作股权众筹，也有人把股权众筹称为私募股权互联网化。

股权众筹简化了中小型企业的融资程序，降低了投资机构交易的门槛，减少了发行公司的交易成本和融资成本，也加强了对参与交易的中介机构的监管，并向中介渠道分散了部分监管职责，要求中介渠道提高对投资者的透明度。

股权众筹模式高度体现了互联网金融的特征：去中心化、点对点直接交易。此模式能大大节省中小微企业的融资成本，也开拓了投资新渠道。

对于投资者而言，选择好的项目，至关重要。即使有一个好的投资项目，还需要领投人，甚至平台，来参与一定的投资管理，帮扶项目的成长。在国外的众筹平台上，平台方会对项目的估值、信息披露、融资额等情况进行审核，只有通过审核的项目才能够开始筹资。

目前在国内创业风险很大，很多投资都无法回收成本，90%的股权投资很可能都是打了水漂。而在大多数中国人看来，更喜欢P2P类的投资。

国内对股权类型投资的认识程度还不够，需要有更多的教育来普及，未来股权众筹才有更大的发展空间。

了解了股权众筹，下面我们来介绍下蚂蚁达客。

蚂蚁达客是蚂蚁金服旗下为企业和创业者提供的互联网股权众筹平台。蚂蚁达客利用互联网技术和大数据优势，以股权为支点，撬动企业的成长梦想。下图为蚂蚁达客官网首页。

在蚂蚁达客平台，企业可以通过蚂蚁达客筹措资金，并获得生产、渠道、经营、品牌等环节的全方位支持。

投资人可通过蚂蚁达客寻找投资机会，基于对特定行业的理解，投资自己理解、认可的企业，分享企业的经营利润。

蚂蚁达客一经推出，首批参与募资的有四个项目：连咖啡、人人湘、零碳科技、芥末金融等公司。这四个项目原计划通过用户投资人募资总计2600万元，但结果超出预期。

据蚂蚁金服数据透露，最后四个项目的募资结果为：用户投资人实际认购5509万元，每个项目平均的用户投资人认购金额超过1300万元。

不仅如此，四个项目均实现大比例超募，用户投资人募集部分超募最高达353.70%。战略投资人、财务投资人、用户投资人共认购超1.05亿元。

■ 蚂蚁达客的优势

那么，蚂蚁达客究竟有什么优势，让它能够如此成功地完成大比例超募？

具体来说，蚂蚁达客有四大优势。

明确投资人类型	创新投资模式	有大量的有效客户	首家拿到公募牌照
•蚂蚁达客将投资人划分为三类，每类人的需求是不同的，引入用户投资人一方面可以做用户的积累和推广，另一方面也是项目模式本身在用户中的实践	•尽管蚂蚁达客仍是采用“领投+跟投”模式，但是它会在筹得资金之后，将这笔资金汇聚设立有限合伙企业，通过这样一个持股平台再投资融资公司	•蚂蚁金服背靠阿里的淘宝、天猫以及自己的支付宝、余额宝等平台，线上有效客户数量高达六七亿，这是目前其他平台包括京东在内都无法比拟的	•蚂蚁达客目前定位于非公开股权投资，但是不管未来如何，这个平台走上公募是迟早的事情，让大家都来投投那些面向大众的企业，这才是股权众筹平台最成功的地方

除此之外，目前其他平台大多采用保证金制度，仅需实际缴纳投资金额的1%左右即计算为投资全额。而在蚂蚁达客平台上，用户投资人的认购资金均为100%全额实缴，冻结资金即为实缴资金，这是蚂蚁达客与其他平台的不同之处。

■ 蚂蚁达客股权众筹平台的交易模式

蚂蚁达客股权众筹平台是基于互联网而设立的，运用互联网的连接与聚合打破投融资双方的信息不对称，该模式又被称为“线上股权众筹模式”或“在线股权众筹模式”。

该类股权众筹的基本交易结构如下图所示。

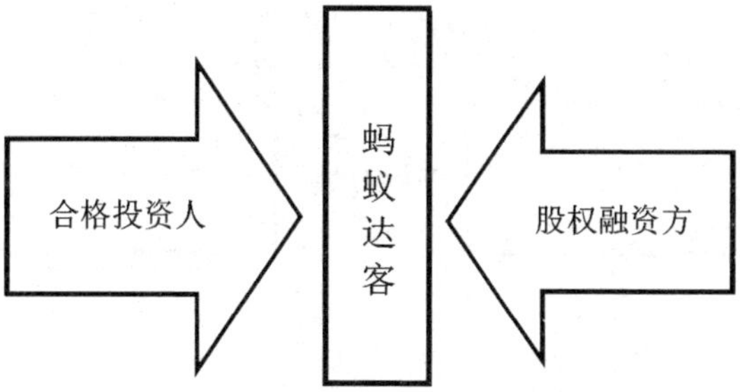

如上图所示，蚂蚁达客股权众筹模式中存在投资人、平台及融资方三个主体。

其中，合格的投资人是在蚂蚁达客股权众筹平台注册，并通过平台审核认证的投资人，未注册或未通过认证的人不能在该平台从事股权投资，也无法查询股权众筹项目的具体信息。

蚂蚁达客股权众筹平台是独立的第三方平台，专门为投融资双方提供投融资信息，撮合他们及为他们提供相关服务。它属于股权投融资信息平台，其法律地位属于居间服务，在交易结构中处于中介地位，提供的是信息中介服务而非信用中介服务。

股权融资方是发布股权融资项目，以股权作为投资人回报的企业。

为了保证股权众筹平台的独立性，监管层要求平台不能直接经手投融资双方的资金，避免一些股权众筹平台挪用客户资金事件的发生。

蚂蚁达客股权众筹平台为了解决这个问题，引入第三方来托管或监管资金。在此情况下，蚂蚁达客股权众筹模式的交易结构如下图所示。

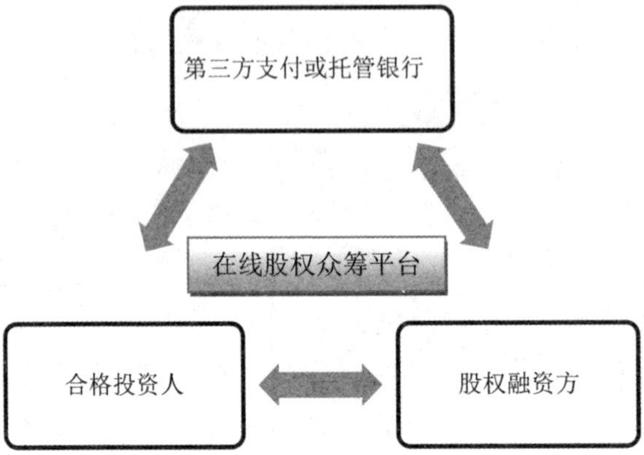

如上图所示，蚂蚁达客股权众筹平台的作用在于撮合投融资双方达成股权投资交易。其主要的工作有：

•建设好互联网平台，保障平台安全无漏洞，保证平台体验良好；

•负责对投资人注册、身份审核与认证；

•接受股权融资方项目发布申请，并进行项目审查，将通过尽职调查的项目在平台发布；

•引入第三方资金托管机构，为投融资双方资金提供托管账户结算服务；

•为有意向的投融资双方提供线上线下撮合服务；

•设立快速投资机制，并提供相关法律文件；

•指导、协助双方办理相关注册、登记手续等。

在上述交易结构中，合格投资人是一个或多个自然人（或投资机构、法人等），而股权众筹项目的发起人（即融资方）则为一个。

■ 蚂蚁达客的收费模式

蚂蚁达客众筹平台收费模式主要有收取中介费与佣金、分享股权回报收益、提供配套增值服务这三类。

收取中介费与佣金	•众筹平台在项目融资成功之后向融资者收取一定比例的成交中介费，或称为佣金手续费等。
分享股权回报收益	•众筹平台获得在其平台上成功融资的项目的部分股权作为回报收益，实际上是股权投资行为。
提供配套增值服务	•股权众筹平台为众筹融资方提供各项创业的增值服务，对这些服务收取的费用主要包括创业孵化财务及法务等服务。

融资人在使用蚂蚁达客服务时，蚂蚁达客平台会向融资人收取一定的服务费，包括代收投资款相关的资金结算划转服务费以及保存服务费等。

10.2 如何登录蚂蚁达客

登录蚂蚁达客的方法如下所述。

登录自己的支付宝，在“支付宝”首页，用鼠标拉到页面最下面，找到大块的蓝底“蚂蚁达客——新项目上线”；或者登录其官网https://www.antsdaq.com。点击进入“蚂蚁达客”主页面。

在“蚂蚁达客”的主页下方，有很多投资项目。会显示“全部”“预热中”“募集中”“完成募集”等栏目，还有对项目的详细介绍。

对初次使用者，还有一个新手指南，让投资者了解投资流程和注意事项，成为一名合格的投资者。在首页点击“新手指南”进入其界面。

同时，还有一个“交流圈”，让投资者进行投资经验的交流。在首页点击“交流圈”进入其界面。

10.3　如何认证合格投资人

想要投资蚂蚁达客上的项目，首先要认证成为合格投资人。那么，怎么认证成为合格的投资人呢?

蚂蚁达客将投资者分为三类，即战略投资者、财务投资者和用户投资者。

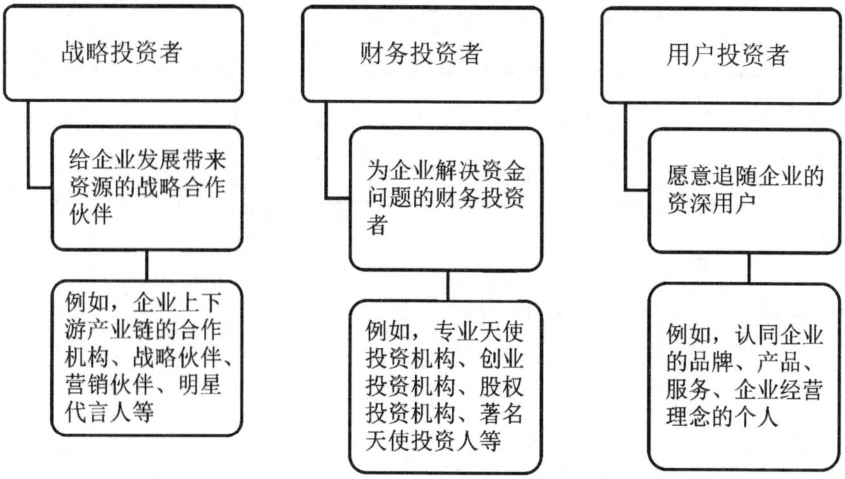

通过这样的投资结构构建，蚂蚁达客平台对于融资端和投资端的价值也更加清晰。

在融资端，蚂蚁达客能够满足企业不同生命周期的不同融资需求。例如企业在初创期往往面临各种不确定性，包括现金收入不稳定、缺少抵押物等。相对债权融资而言，股权融资是一种重要的融资解决方式。

而通过引入合适的战略投资人，在生产、渠道、影响力等方面帮助企业，不仅解决了企业的融资难题和经营难题，还借助战投资源帮助企业获得成长，提高了全民创业、万众创新的成功率。这样的股权融资非债权融资所能替代。

在投资端，以前通过传统投资模式，创投机构需要花大量时间、精力在维护及和投资者沟通上，而蚂蚁达客平台能够吸引投资者并进行投后管理，提升了创投机构的管理效率。除此之外，由于达客对项目审核标准比较严，降低了创投机构寻找项目以及对项目尽调的成本。

对于用户投资人，即“投资者”而言，蚂蚁达客帮助投资者找到心仪的品牌、项目，普及股权投资的理念，并通过和企业一起成长，收获投资经验和收益回报。

要想成为合格投资者，必须满足以下三个条件。

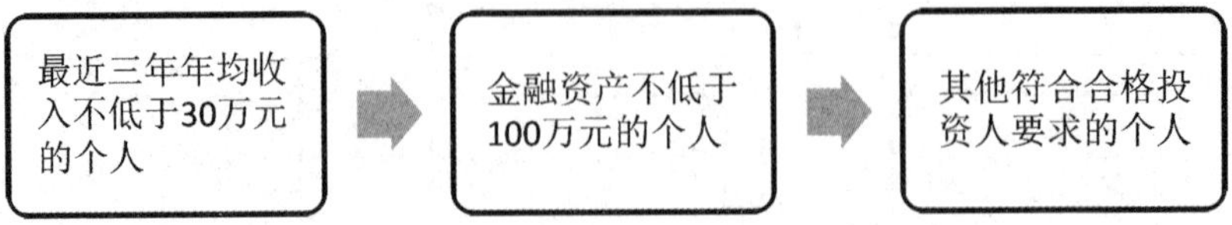

■ 认证合格投资者的操作方法

认证合格投资者的操作步骤如下所述。

第一步：在“蚂蚁达客”的首页，点击“我的”。在“我的”界面，点击“投资人认证”按钮。

第二步：系统自动跳转至支付宝身份校验界面。在支付宝上添加一张银行卡，并且开通快捷支付。如果你的支付宝系统金额超过100万元即可开通，如果没有则可充值100万元再申请开通；如果没有100万元，可绑定一张5万元额度及以上的信用卡，继续认证。

第三步：支付宝认证完以后，进行“签署协议并认证”界面，点击“同意协议”，完成认证。

10.4 如何投资蚂蚁达客的股权众筹项目

投资蚂蚁达客上的股权众筹项目的操作步骤如下所述。

第一步：按照上一节操作成为合格投资人后，登录“蚂蚁达客”首页，查看股权众筹项目。找到适合自己的股权众筹项目后，点击“申请投资”按钮。

第二步：填写投资者信息，输入投资金额后，点击“确定”按钮。

输入支付宝支付密码，投资成功。

需要注意的是，在申请投资后、投资成功前，你的资金将冻结在余额宝中，继续享有余额宝收益。你可在冷静期内随时撤销投资，一旦撤销，申请投资的资金将解冻。

第三步：投资成功，开始缴款。最终入选的用户投资人的投资资金会一起注入专为该融资项目设立的有限合伙企业，通过有限合伙企业投资融资企业。

第四步：和其他投资者一起帮助企业成长，也分享企业成长带来的资本溢价。

第五步：如果在此过程中，企业开展新一轮融资，或者被并购了、被大股东回购了、上市了等，那么，你可以选择退出，获取股权投资的增值收益。

10.5 如何寻找靠谱的股权众筹项目

投资人在蚂蚁达客平台上获知了大量股权众筹项目后，应该如何寻找到靠谱的好项目并进行投资呢？

从大量股权众筹项目以及大量天使投资项目的成功与失败案例中，可以找到一些基本规律。虽然投资早期项目如同赌博一样，风险极大，但毕竟可以找到一些规律，最起码可以避免犯低级的错误、重复犯同样的错误，这就是投资规律和经验的价值。

最重要的还是取决于项目本身是否可靠，每个投资者都不会拿真金白银当儿戏，更不会将资源浪费在毫无价值的项目上。因此，是否参与该股权众筹项目必须要对项目本身做出最深入的判断和最审慎的尽职调查，主要的考量因素如下图所示。

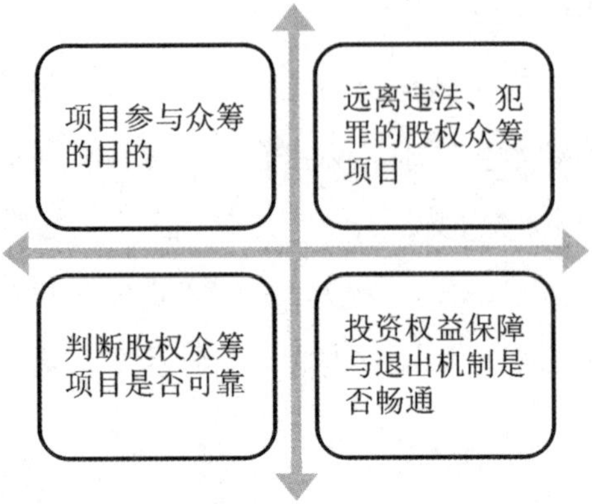

■ 了解众筹的目的

投资者在决定投资之前，一定要调查清楚此项目参加众筹的目的是什么。特别是一些众筹圈的众筹（此类项目没有在官方的众筹网上发起集资，只是靠自己的人脉直接与投资人联系），投资者一定要弄清楚对方的经营模式，是个体经营还是资金合伙？自己参与众筹的目的是单纯地为了盈利，还是想发展自己的人脉，结交更多投资人朋友？切忌随大流。

■ 远离违法、犯罪的股权众筹项目

在搞清楚众筹的目的之后，接下来要考察项目的风险，项目是否安全稳定，股权是否合法，是投资者都要了解的。

对于涉嫌违法甚至犯罪的股权众筹项目，应当坚决远离，避免出现触犯刑事法律红线的情形出现。

■ 判断股权众筹项目是否可靠

判断一个股权众筹项目是否属于靠谱的好项目，需要从以下三个方面进行分析。

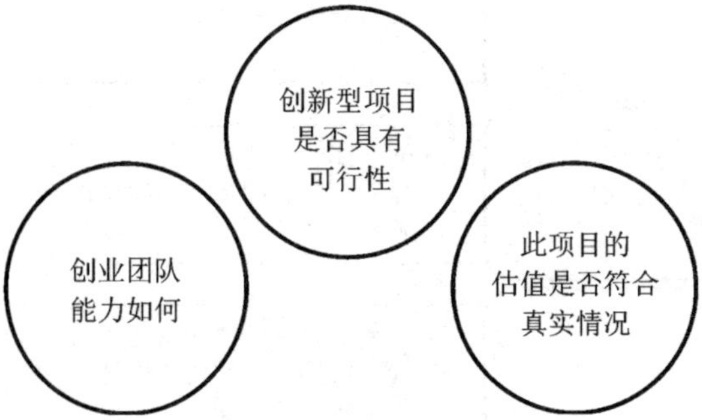

（1）此项目的估值是否符合真实情况

对一个项目的估值要从项目的商业模式、团队能力和项目的创新性来判断，项目的估值和实际情况相符合，那么投资者就可以放心投资了。

（2）创新型项目是否具有可行性

现在有很多创新型项目，但是一些创新型项目的前景很难预测，因而投资人“出资”要谨慎。其实对于创新型项目，创业者可以把同行业内的一流企业作为标杆，通过学习他人的经验来弥补自己的不足，增加投资人的信心。

（3）创业团队能力如何

投资就是投人。为了最大化保障自己的利益，投资人在投资之前一定会仔细考察投资对象。投资人不仅要会投资，还要会看人。

计划赶不上变化，项目最开始的时候，很难预测最后会发展成什么样，随着时间的推移，可能项目已脱离原计划的轨道。虽然项目的未来无法预测，但是团队的能力却是有目共睹的，一个执行力强、凝聚力高的团队所发起的项目，其成功概率也会大一些。

因此，投资人在投资之前一定要了解该项目团队的情况，否则项目前景再光明，如果没有优秀的团队，则要警惕。

考察一个团队，主要从以下几个方面入手。

充分了解创始人背景	• 比如创始人的学历水平、工作经历如何、是否有创业经历、性格怎么样、创业目的等。
团队股权分配是否合理，合作是否默契，决策程序是否完善	• 创业团队的股权分配一定要合理，不合理的利益分配会造成团队内部不和谐，影响团队的默契，阻碍项目的发展。
团队执行力如何	• 每个项目都需要团队成员脚踏实地地执行，假如一个团队做事拖沓，那么项目成功将遥遥无期。

■ 投资权益保障与退出机制是否畅通

在决定是否参与众筹之前还应当充分考虑你的投资权益保障问题，退出机制是否畅通？能否转让你的权益？如何转让你的权益？如果没有通畅的退出机制，你的投资有可能会是打水漂而有去无回。

10.6　如何保障投资权益

股神巴菲特的投资箴言就一条：安全。这看起来简单却也很深奥，它指出了投资最基础也最重要的要求，即确保投资安全。

从目前情况来看，众筹和基金、股票等其他投资还是有区别的，且由于投资项目的不确定性，众筹的投资风险更大。那么投资者应如何保障自己的投资权益呢？

■ 一定要签署好相关的法律文件

和普通的股份制公司不同，股权众筹的参与者很多，股权关系更复杂。因此，众筹所涉及的问题更多，项目发起者的口头说明或者项目发起计划是不具有法律效力的，必须要签署一系列的合同文件，用法律来维护自己的利益。

线上众筹更麻烦，除了要审核、签署好线上文件，线下文件也不能有丝毫马虎。

合同签署完成后，要妥善保存，这也是投资者保护自己权益的方式。

■ 投资交易结构安排得合法、合理

股权众筹项目投融资交易结构的安排十分关键，这涉及股权众筹参与人的利益。股权众筹参与者众多，为了提高匹配效率，项目发起人一般会设置一些特殊的交易架构。

比如设立有限合伙或持股平台公司，再以此作为投资载体。还有的干脆采用股权代持模式，安排代持人来代持参与人的股权。

这些架构设计如果缺乏严谨的安排和规范的法律文件，将无法保障投资人的利益，一旦发生纠纷，投资人的权益很难得到保障。

因此，参与人一定要了解投资结构的安排，并要求在投资结构安排中尽可能保障自己的权益。

■ 注意众筹认购资金的监管问题

涉及到钱的问题，一定要谨慎再谨慎。在众筹模式中，通常需要提前认购并支付。在这种情况下，投资者对资金账户的情况也要了解。

众筹成功后资金如何处理？如果众筹失败，资金又要如何处理？第三方监管是否完善？资金会不会被挪用？自己出钱了，有没有收据或者投资证明？

如果监管机制不完善，会很容易出现财务问题。众筹失败后，投资者的损失也不能及时赔偿。所以，投资者需要重点关注资金的“入口与出口”，即“进与退”的问题。

10.7 蚂蚁达客的股权众筹交易规则

在众筹发起之前，一定要制定好众筹的规则，并和所有投资者达成共识，只要是参与到这项众筹中的人都必须要遵守此规则。规则不能随意改动。

那么，蚂蚁达客的股权众筹交易规则是怎样的呢？

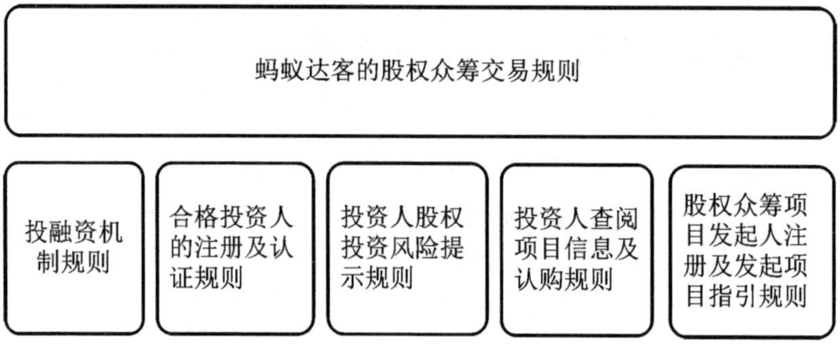

■ 投融资机制规则

要想提高融资交易的成功率、减少融资成本，就要制定好一套完善的投融资机制。

按照最合理、最简洁的投融资机制来快速完成交易，提高投融资交易的成功率，减少谈判、签约、操作等产生的投融资成本。

■ 合格投资人的注册及认证规则

股权众筹和其他形式的众筹不一样，对投资人的风险承受能力要求很高，投资人的专业知识和投资技巧也不容忽视。因此，需要对投资人设置更高的准入条件。

所以，除了要设置投融资机制，对投资人能力的审核也很重要。

对投资人的审核，就如同让投资者参加一次考试，成绩合格者才能成为众筹平台上的投资者。没有通过审核的人，就不能参与投资。

这项规则的制定，不仅能保证众筹平台的可持续发展，也让众筹变得更正规。

■ 投资人股权投资风险提示规则

在蚂蚁达客众筹平台上发起融资的大部分都是创业初期的项目，一部分是刚设立公司的项目，一部分是尚未设立公司的项目，因此，投资风险非常高，投资者要谨慎选择。

该阶段投资属于种子期投资、天使投资，甚至是联合创始投资。而天使投资的成功概率极低，与股市相比，其风险可能更大。

在这种情形下，投资人有权知道项目的风险大小。众筹平台应该提前告知投资者项目潜在的风险以及后果。这样做不仅能减少日后的纠纷，更重要的是保障了投资者的权益，对投资者负责。

■ 投资人查阅项目信息及认购规则

在现有法律体系下，股权众筹面临最大的法律风险是擅自公开发行股份的刑事法律风险。为了避免该刑事法律风险，蚂蚁达客股权众筹平台有两个规则来保障：第一个是合格投资人注册及认证规则；第二个是投资人查阅融资项目信息及认购规则。这两个规则都是在现行法律框架下尽可能减少触摸擅自公募法律红线的规则。

投资人查阅融资项目信息及认购规则是指股权众筹平台采取的适度隔离措施，通过该规则让不适合看到投资项目具体信息的投资人无法看到项目，让具有投资意向的投资人看到项目，以提高项目交易的成功率，减少不特定性，将投融资过程尽可能限定在特定的范围内。

具体的做法就是，蚂蚁达客股权众筹平台对于经过认证的合格投资人根据其投资能力与偏好进行分类，再根据具体的融资项目进行设置，使得项目与投资人的投资方向相匹配，从而减少项目曝光率和投资人的不特定性。

对于具有投资意向的项目，股权众筹平台还应当安排投资人与融资方进行线下洽谈，并安排融资方进行路演，通过面对面交流以提高成功率。

■ 股权众筹项目发起人注册及发起项目指引规则

投资方与融资方就是众筹的两端，缺谁都不行。所以，蚂蚁达客一直致力于发掘有前途的投资项目，以吸引更多投资者。

因此，股权众筹项目交易规则中包括发起人注册及发起项目指引规则。就像微博上明星要得到认可，就要加V，这样才能证明其真实性。蚂蚁达客也是如此，通过认证的投资人才能对项目进行投资；只有通过审核的投资项目才能获得众筹融资的资格。

这是保证项目质量和投资人权益的重要措施，是平台应该承担的责任和应尽的义务。

本章精彩导读

什么是芝麻信用
芝麻信用的应用
如何进行芝麻信用评分
如何提高芝麻分
如何利用芝麻分享受“零押金”入住酒店
如何租车免押金，轻松出行

第 11 章　芝麻信用，开启你的信用生活

“芝麻信用”是一套征信系统，该系统会充分分析用户在淘宝、支付宝等平台的行为记录。芝麻分越高，则信用越好，同时还可更好地享受信用生活，如免押金租车和住酒店等。

11.1 什么是芝麻信用

芝麻信用是蚂蚁金服旗下独立的第三方征信机构。通过云计算、机器学习等技术客观呈现个人的信用状况，已经在信用卡、消费金融、融资租赁、酒店、租房、出行、婚恋、分类信息、学生服务、公共事业服务等上百个场景为用户和商户提供信用服务。简而言之，芝麻信用是依据互联网和大数据而设计的信用体系。

芝麻信用从用户信用历史、行为偏好、履约能力、身份特质、人脉关系五个维度来对用户进行信用测评。

芝麻信用与传统征信数据不同，它以阿里巴巴的电商交易数据和蚂蚁金服的互联网金融数据为基础，并与政府部门以及第三方公共机构建立数据合作，覆盖了诸如信用卡还款、网购、水电煤缴费、住址搬迁历史等各方面的社会信息和电子记录。归根结底，“芝麻信用”是一套征信系统，该系统收集来自政府、金融系统的数据，还会充分分析用户在淘宝、支付宝等平台的行为记录。

那么芝麻信用有什么优势呢?

实名认证

- 所有开通芝麻信用的用户均为实名认证用户，覆盖广泛，许多原来传统征信没有信贷记录的人群，也开始有了属于自己的信用评价。

数据处理能力强

- 芝麻信用的信用数据覆盖借贷、支付、出行、住宿、公益等数百种场景，包括电商数据、互联网金融数据、公共机构数据、合作伙伴数据、用户上传数据等，能很好地记录信用状况。

行业洞察深刻

- 芝麻信用聚集了多位具备国际风险管理和信用管理系统建设经验的全球顶尖数据科学家和金融行业翘楚，深度融合了传统信用评估和“互联网+”创新信用评估，对行业具有丰富的经验和深刻的洞察。

需要注意的是：目前，芝麻信用只能在手机支付宝上查询，电脑上是无法进行查询的。

11.2 芝麻信用的应用

芝麻信用在公测期间，就在租车、租房、婚恋、签证等多个领域确定了合作伙伴。目前，芝麻信用即将提供试验性的服务，为用户提供整体性服务。

举例来说，如果用户的芝麻分已经达到一定数值，那么不管是租车还是预订或住宿酒店，用户都可以享受免交押金的特殊待遇。甚至办理签证业务，也无需提供存款证明。

光大银行已与蚂蚁金服旗下芝麻信用正式合作，将芝麻信用全产品体系引入到银行的用户信用测评过程中，作为发放信用卡和风险控制的重要参考依据。

目前，芝麻信用评分、信息验证服务（IVS）、行业关注名单等芝麻产品作为贷前产品，已在光大信用卡风控体系中得到应用。

芝麻信用的应用情况

<table>
<tr><th>芝麻信用分</th><th colspan="5">应用</th></tr>
<tr><td>600~650，无不良记录</td><td>免押金租用城市自行车</td><td>阿里旅行多间酒店享受信用住</td><td>阿里旅行深圳华侨城先旅游后付费</td><td>租房减免押金</td><td>享受“花呗”额度</td></tr>
<tr><td>650~700，无不良记录</td><td colspan="3">神州租车、一嗨租车免押金租车</td><td colspan="2">可分期申请线上极速贷款</td></tr>
<tr><td>700分以上，无不良记录</td><td colspan="5">方便申请新加坡签证</td></tr>
</table>

11.3　如何进行芝麻信用评分

芝麻信用评分，是在用户认证授权的前提下，依据用户各维度数据（涵盖金融借贷、转账支付、投资、购物、出行、住宿、生活、公益等场景），运用云计算及机器学习等技术，通过逻辑回归、决策树、随机森林等模型算法，对各维度数据进行综合处理和评估。在用户信用历史、行为偏好、履约能力、身份特质、人脉关系五个维度客观呈现个人信用状况的综合评分。

芝麻分的范围一般在350～950分。分值高低与信用水平高低呈正比关系，芝麻分越高，表示用户信用水平越好；芝麻分越低，表示用户信用水平越低。而相关的客户记录也显示，得分越高的用户，在金融借贷、生活服务等场景中的违约概率越低。

总的来说，拥有较高芝麻分的用户，可以获得银行提供的更高效、优质的服务。

芝麻信用评分由五大部分构成。

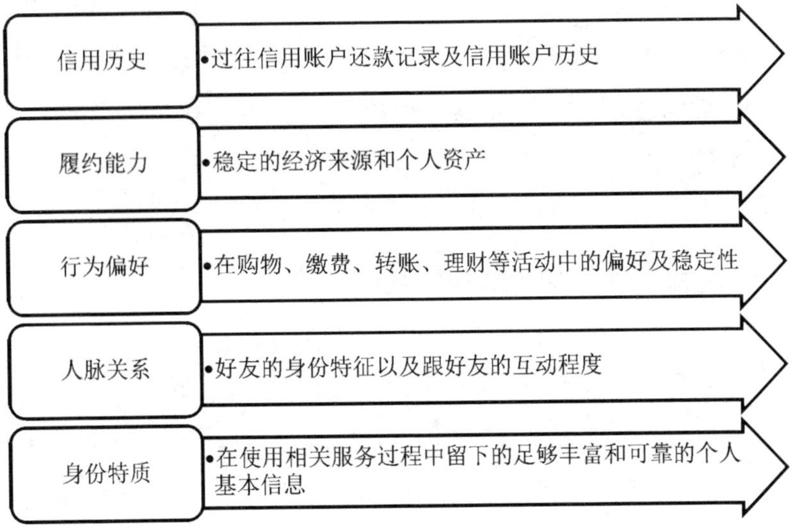

11.4 如何提高芝麻分

提高芝麻分有四大技巧，如下所示。

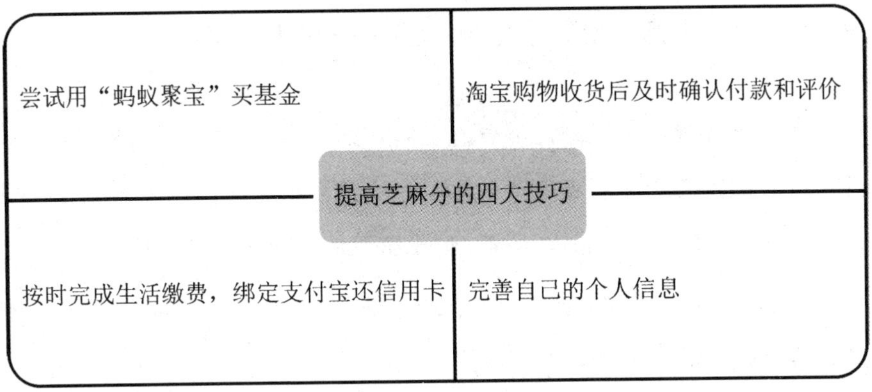

■ 尝试用“蚂蚁聚宝”买基金

“蚂蚁聚宝”是一款独立APP，登录账号就是用户的支付宝账号。尽管“蚂蚁聚宝”上的基金购买的最低限度比其他网站高得多，但是可以享受一折优惠。如果你收入较为稳定的话，不妨考虑尝试用“蚂蚁聚宝”来买基金。

■ 淘宝购物收货后及时确认付款和评价

大多数淘宝买家在收到货后并不及时做出确认收货和商品评价，一方面是由于工作原因无法抽出时间来，另一方面则是由于自己比较懒惰，没有及时回复的意识。但是很少有人知道，这个小毛病却会对我们芝麻分的积累带来影响。

实际上，芝麻分的积累和买家购物数量的多少之间并不存在关联，只要你及时更新自己的收货质量信息并作出评价，就能取得一定的芝麻分。用户确认和评价越及时，就越有可能得到高分。

■ 按时完成生活缴费，绑定支付宝还信用卡

水电燃气费是用户每月都有的生活开销，但对大多数上班族而言，他们没有空闲时间专门去缴费。所以很多上班族选择通过支付宝在网络上完成缴费，这样不仅方便迅捷，也不影响他们的个人休息时间。

与此同时，用户绑定支付宝来缴纳水电燃气等费用或者信用卡还款，也可以积累个人信用。

■ 完善自己的个人信息

用户需要点击芝麻信用中评分页面的“信用提升”，及时完善自己的个人信息，阅读“芝麻习惯”，从而掌握积累个人信用积分的有效方法。

如果用户对“芝麻任务”感兴趣的话，也不妨体验一下，说不定会有意想不到的惊喜。

11.5 如何利用芝麻分享受“零押金”入住酒店

利用芝麻分享受“零押金”入住酒店的操作步骤如下所述。

第一步：打开支付宝钱包，点击“我的”。在“我的”界面，点击“芝麻信用”按钮。

第二步：在“芝麻信用”主界面，点击右下方的“信用生活”按钮。

第三步：在“信用生活”的主界面，选择“旅行住宿”，点击你选择的酒店平台。目前，支付宝钱包提供的酒店平台有：去啊未来酒店、小猪短租、蚂蚁短租等。

第四步：这里以去啊未来酒店为例进行演示。点击“去啊未来酒店”。在“阿里旅行未来酒店”界面，点击“预订酒店”按钮。

第五步：在“酒店搜索”界面，输入酒店信息，包括居住地、居住时间、酒店名等，点击“开始搜索”按钮。

第六步：系统自动跳转至“酒店列表”，仔细比对各个酒店，选择你要入住的酒店。

第七步：在“酒店详情”界面，选择入住酒店的房间类型。

第八步：点击“预订”按钮，填写订单信息，包括房间数、入住人、手机号等。填写完毕，点击“去担保”按钮。

第九步：输入支付密码，点击“下一步”按钮，预订酒店成功。

接下来，如期前往预订的酒店，到达酒店前台后不需要任何担保、押金，拿卡后即可入住，等到要离开的时候，只需到前台交卡，直接退房离店即可。

使用酒店后付的订单，系统会在你离店后2小时内发起扣款通知，系统会自动从你的账户进行扣款，你只需要确保自己的支付宝、余额宝、快捷支付银行卡里面有足够的余额就行了。

11.6 如何租车免押金，轻松出行

利用芝麻分租车免押金的操作步骤如下所述。

第一步：在“信用生活”的主界面，选择你要租车的平台，这里以神州租车为例进行步骤演示。

第二步：点击“神州租车”，在“神州租车”界面，点击“马上试试”按钮。

第三步：在“神州租车”主界面，点击“立即申请”按钮。

第四步：输入个人信息，包括姓名、身份证号、邮箱。输入完毕，点击右上角的“继续”按钮。

第五步：在“芝麻信用”授权界面，仔细阅读授权内容，点击“同意授权”按钮。

第六步：输入短信验证号，点击“提交”按钮。

第七步：在“短租业务”界面，选择你要取车的城市、门店、取车时间、是否上门送车等，点击“立即去选车”按钮。

第八步：在“车型列表”里选择你要租车的车型。

第九步：查看费用，点击“下一步”按钮。

第十步：确认订单，点击“提交订单”按钮。

第十一步：输入支付密码，租车免押金成功。

本章精彩导读

什么是蚂蚁花呗
如何使用蚂蚁花呗购买商品
如何进行蚂蚁花呗还款
如何查看蚂蚁花呗的消费明细和还款流水
蚂蚁花呗的核心服务

第 12 章　蚂蚁花呗，先消费后付款

蚂蚁花呗是蚂蚁微贷为消费者打造的一款“先消费后付款”的网络赊购服务，是网购“剁手党”的福利，其用途和信用卡类似。信用卡消费后需在还款日前还款，蚂蚁花呗也是如此，如果不按时还款，则会影响个人信用。

12.1 什么是蚂蚁花呗

蚂蚁花呗是蚂蚁金服推出的一款消费信贷产品。用户申请开通后，将获得500～50000元不等的消费额度。用户在消费时，可以预支蚂蚁花呗的额度，享受“先消费后付款”的购物体验。

蚂蚁花呗有三大特点：

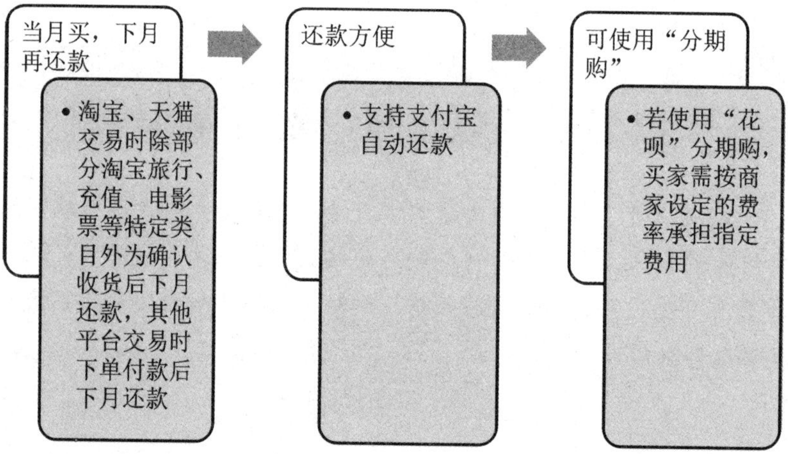

蚂蚁花呗之前主要是在淘宝、天猫上流行，如今蚂蚁花呗和外部多家电商平台达成合作，比如亚马逊、苏宁、美团、大众点评等，一些电子产品官方网站也可以用蚂蚁花呗支付，比如乐视、海尔、小米、OPPO等。

蚂蚁花呗上线不久就获得了很大的关注，据数据显示，蚂蚁花呗用户中90后用户占33%，80后用户占48.5%，70后用户占14.3%。可见，蚂蚁花呗对年轻的消费群体更有吸引力。

蚂蚁花呗最大的吸引力是可以凭信用额度购物，而且有41天的免息期。这可是“吃货”“潮女”们的大福利，他们是使用蚂蚁花呗的主力军。

在使用蚂蚁花呗购买的产品中，女装、首饰、护肤产品、化妆品等女性产品占20%，高居榜首；零食、饮料等食品占据10%，屈居第二；然后是数码产品、母婴用品等。另外，蚂蚁花呗的用户中60%是使用手机支付的。

目前，蚂蚁花呗基本已实现移动应用的操作，也就是说，包括开通、账单查询、还款都能在手机上完成。

蚂蚁花呗的额度依据用户在平台上所积累的记录提供。因为在平台上的各种行为是动态和变化的，相应的额度也是动态的。当用户一段周期内的行为良好，且符合提额政策，其相应额度则可能提升。反之，额度可能降低，甚至限制使用服务的权限。如蚂蚁花呗关闭后，也会有此影响，可能额度会变化或无法再开通。

■ 如何开通蚂蚁花呗

登录支付宝账户，在“财富中心”找到“蚂蚁花呗”服务，点击“开通”按钮即可。

系统会自动匹配账户是否符合开通条件，人工无法调整。若未显示入口，则代表暂不支持。

12.2 如何使用蚂蚁花呗购买商品

使用蚂蚁花呗购买商品的操作方法如下所述。

在淘宝或其他平台购买商品，提交订单后，在支付宝支付界面，选择“蚂蚁花呗”付款。输入支付宝支付密码，点击“确认付款”按钮，用蚂蚁花呗购买商品成功。

如果是在确认收货前发起退款，退回的款项用于恢复“花呗”的消费额度，不会产生“花呗”账单，不需要操作还款。

如果是确认收货后的售后维权，款项优先偿还欠款，若款项已还清则会退至余额宝。

12.3 如何进行蚂蚁花呗还款

蚂蚁花呗还款的操作方法如下所述。

在支付宝的“财富中心”点击“蚂蚁花呗”，进入其首页。点击“还款”按钮。输入还款金额，点击“确定”按钮。输入支付宝支付密码，点击“确认付款”按钮，蚂蚁花呗还款成功。

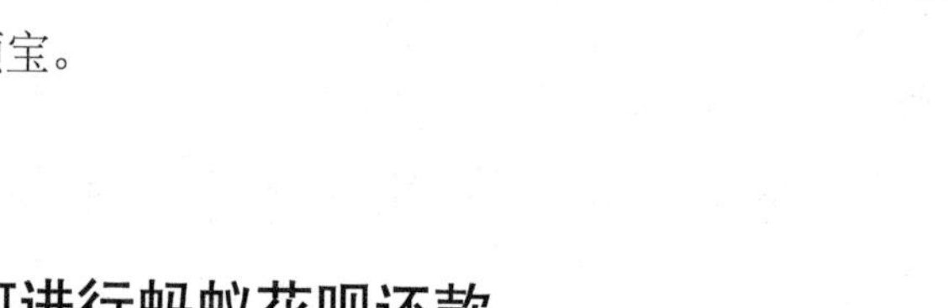

你可以在每月账单日到还款日之间对当月账单进行分期。

比如10月账单，可在10.1～10.9之间任意时点进行分期（如果9日是还款日）。10月9日过后不能再对10月进行分期，但可以于11.1～11.9之间对11月账单进行分期。

分期期数对应的费率表如下所示。

蚂蚁花呗分期期数	费率
3期	2.5%
6期	4.5%
9期	6.5%
12期	8.8%

在蚂蚁花呗的首页，点击“还款”下面的“我要分期”按钮。选择分期还款后，点击需要选择分期的期数，点击“确定分期”按钮，即可完成账单分期。

需要注意的是：分期还款需要支付一定的手续费。在选择分期期数时，系统会自动显示出对应期数的手续费。

■ 如何提前还清蚂蚁花呗

提前还清蚂蚁花呗的操作方法如下所述。

在蚂蚁花呗的首页，点击“还款”按钮。输入还款金额，点击“确定”按钮。输入支付宝支付密码，点击“确认付款”按钮，提前还清蚂蚁花呗成功。

12.4 如何查看蚂蚁花呗的消费明细和还款流水

在蚂蚁花呗首页的下方，即可查看本月账单或者全部流水。

在蚂蚁花呗的首页，点击“查看账单”按钮，即可查看账单明细。点击上方的“更多账单”按钮，即可按时间来查看账单明细。

12.5 蚂蚁花呗的核心服务

蚂蚁金服的产品越来越贴近我们的生活，慢慢地改变我们的生活，每一次改革，都带给用户各种便利。蚂蚁花呗这一项服务是建立在双方诚实互信的基础上的。

蚂蚁花呗在刚上市的时候，只是面向淘宝上一些信用度较高的用户开放，这就需要网络平台上的用户有较高的诚信度。

在校生等年轻群体是蚂蚁花呗的主要使用群体。首先，年轻人认可网络购物，他们认为网购比实体店实惠得多；另外，年轻人对新事物都抱有强烈的好奇心。

蚂蚁花呗这种支付方式让年轻人树立了信用意识，而信用意识，恰恰是当今年轻人所欠缺的。

蚂蚁花呗的使用群体非常广泛。现在几乎人人都有手机，初中生、高中生也不例外。现在的学生都有自己的零花钱，他们可在网上购买自己喜欢的东西，网络给他们提供了便捷。

但是初中生、高中生由于没有资产证明等一系列材料，所以不能办信用卡。而蚂蚁花呗的出现，恰好弥补了这一缺憾，大大刺激了学生这一消费群体。从商家的角度来说，这是一件好事。

社会在发展，时代在进步，对学生来说，接触网购也是一种生活乐趣。首先，网店的商品种类很多，在一定程度上，价格比实体店更优惠，为学生们节约了开支。其次，网购足不出户就可以买东西，为学生们节省了时间。

蚂蚁花呗还可以提前让学生们树立信用意识，并逐渐培养他们合理使用零花钱的习惯。

蚂蚁花呗大大降低了消费的门槛，而且只要在还款期内按时还款则不收取任何费用，这为一些理财能手提供了新的理财门路。因此，蚂蚁花呗是值得信赖的一款产品。

目前，电商企业越来越多，竞争越来越激烈，谁的服务做得好，谁为消费者想得更多，谁就能抢占更多的市场份额。第三方支付方式的开发，就是站在消费者的角度考虑为其提供便捷。

蚂蚁花呗这种新的支付模式，秉承的是“先消费后付款”的核心理念，采用个人微贷的形式来满足消费者的需求，为其提供“借钱”上的便利。

如果你认为蚂蚁花呗就只是使用方便的话，那就大错特错了。蚂蚁花呗和信用卡一样都是信用消费，但是信用卡透支的高利息让人头疼不已，用卡也有风险。但是蚂蚁花呗就很好地解决了这个问题。蚂蚁花呗的还款期限相对较长，灵活性大，只要按时还款就不会产生利息。

关于蚂蚁花呗的安全问题，有朋友会问："信用卡我是跟银行签了合同的，万一出了什么问题，我还能找银行。蚂蚁花呗又没个协议，出了事儿，我找谁？"

其实，蚂蚁花呗很安全，它不仅有完善的开通流程，而且采用实名认证的形式，后台会对用户的信息做最严密的保护。密码丢失也不怕，可以根据系统设置的密码找回方法找回密码，保护账户的安全性。并且，蚂蚁花呗有详细的使用流程，简单易学，省去了很多繁琐的步骤，就算是中年人也能轻松掌握。

由此可见，蚂蚁花呗为消费者提供的不仅仅是便捷，还有使用的安全性。从蚂蚁花呗开始推广以来，越来越多的人加入了"花呗"大军，他们用得开心，用得放心。更多的用户甚至习惯了这种支付方式，并且把它推荐给身边的朋友。

蚂蚁花呗始终站在消费者的角度考虑问题，不停地完善自身的缺陷，为用户提供更舒适、安全的支付体验。正是因为如此，蚂蚁花呗的用户越来越多，其前景一片光明。

本章精彩导读

评估自身的可承受风险水平
支付宝用户的网络风险
支付宝平台的金融风险
支付宝理财需要做好的三大安全防护

第 13 章　支付宝理财安全防范

理财是通往财富殿堂的必经之路，在这条路上有数不清的宝藏，但也有令人防不胜防的陷阱。这些陷阱随时都有可能使投资者血本无归。支付宝理财除了有理财风险，还有平台的金融风险。投资者在选择支付宝进行理财时，要避免支付宝理财的风险，做好安全防护工作。

13.1 评估自身的可承受风险水平

风险就是一种遭受损失的可能性。风险可以通过识别、分析来应对和管理。

风险可以从引起的原因、发生的可能性、影响的方面、造成的损失等几方面进行分析。风险的期望值为可能性与损失的乘积。

目前，支付宝上的理财产品种类繁多，对于非专业投资者而言，往往只关注预期收益率的高低，而忽视了产品中蕴藏的风险。但是收益和风险呈正比关系，收益越高，风险越大。要发现产品中的风险点，需要投资者熟悉相关金融知识，而这通常是大众投资者所欠缺的。

很多理财平台在推介投资产品的时候，也往往将风险隐藏起来，总是把收益描绘得很好。其实理财的一个重要作用就是在既定的收益水平下尽量降低风险，或者在相同风险程度下尽量提高收益率。

因此，认清支付宝理财产品的风险，按照自身可接受的风险水平进行合理选择是做好理财的关键之一。

■ 支付宝理财的三种风险

支付宝的理财产品可分为低风险产品、中等风险产品、高风险产品三类。

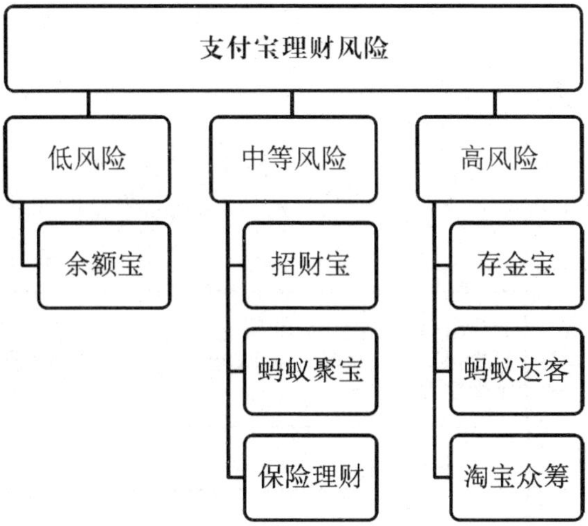

（1）低风险的理财产品

支付宝里的余额宝，具有风险低的特点，但同时收益也低。投资者投资的目的是为了保持适度的流动性，满足生活日常需要，或者等待时机购买高收益的理财产品。

（2）中等风险的理财产品

支付宝里的招财宝、蚂蚁聚宝和保险理财，具有风险和收益率均可控的特征，再加上由理财平台进行的专业化、分散性投资，使其风险进一步降低。

（3）高风险的理财产品

股票、期权、黄金、艺术品等投资项目，由于市场本身的高风险特征，投资者需要有专业的理论知识、丰富的投资经验和敏锐的判断分析能力才能在这类市场上获得理想收益。

支付宝里的存金宝、蚂蚁达客、淘宝众筹就属于高风险的理财产品。

■ 如何分析自身可承受风险水平

投资者分析自身可承受风险水平，可从以下两方面着手。

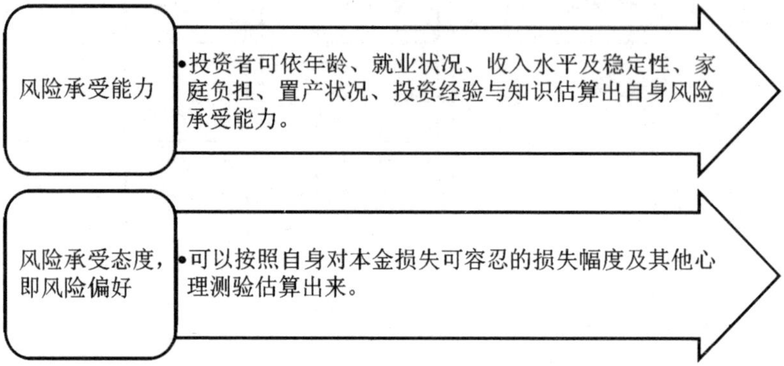

总之，投资者在进行理财前应先评估自身的可承受风险水平，并深入了解准备投资的产品，对于不熟悉的产品可向相关领域专业人士进行咨询，避免片面追捧理财的高收益率。

13.2 支付宝用户的网络风险

用户通过支付宝理财或支付就避免不了使用网络服务，而在此过程中也存在一些风险。

一般情况下，支付宝用户在使用网络时，主要会面临以下五种风险。

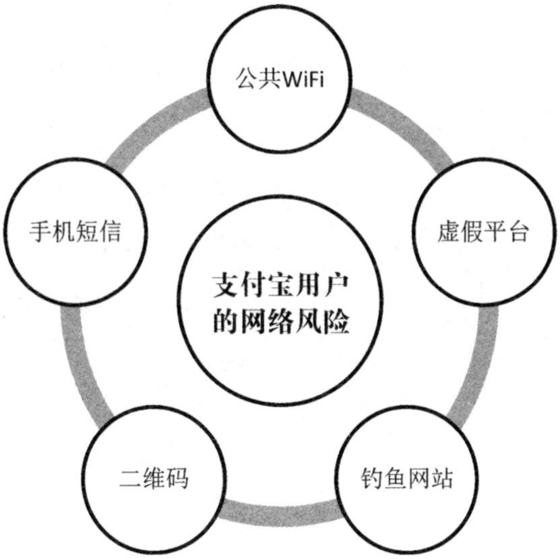

■ 公共WiFi

如果你在咖啡厅、商场、酒店、机场等公众场所，搜索到一个不需密码的免费WiFi，最好先确认一下这个WiFi是否安全。因为它很可能是“伪装成羊的老虎”，来盗取你的资料。

通过WiFi钓鱼并不难，黑客可能去一些公众场所，如咖啡厅，建立一个不加密的无线访问接入点，以“咖啡厅”的名称误导用户。用户如果用电脑或手机连接该热点，将导致个人信息被盗。

另外，众多用户共用一个带密码的WiFi也并非安全，其链接基本上分为两个过程，接入“WLAN网络”和对外链接公网，此时混入用户中的黑客同样可以“偷窥”其他人的信息。

所以，无论你外接公共WiFi网络，还是在家里、办公室使用未加密的WiFi网络，都可能面临安全风险。

不过谈WiFi色变也没有必要，加密的WiFi安全性较高。而运营商提供的WiFi网络开启二层隔离功能，可以减少同一AP热点下的用户，通过AP进行相互攻击的可能性，增加了无线网络的安全性。

因此，使用未知的公共WiFi，一定要警惕。若支付宝是登录状态，需先退出，清除缓存，同时不要做任何支付宝登录账户、输入密码的行为。

■ 虚假平台

上班族小李经常使用支付宝进行转账。有一天，她在朋友家电脑上输入“支付宝”后，进入了一个看起来很正规的网站，该网站网页和支付宝一模一样。

正当她填写个人信息的时候，“360电脑卫士”提示她有风险，但是小李还是填写了信息并点击“确认”。没过几分钟，小李收到短信提示，她的银行账户里剩余的2万元已全部被转走。事后，小李才反应过来原来这是个虚假网站。

不法分子通过钓鱼网站诈骗钱财，是最常见的一种网络风险。所以，用户应该提高警惕，不可轻易相信淘宝旺旺、QQ等即时通讯工具里弹出的各种富有诱惑力的广告及其网页地址。

当用户使用支付宝浏览网页地址时，会直接暴露用户名和密码等重要信息，影响账户安全。这些即时网络支付渠道最有可能被钓鱼网站利用，并盗取用户信息。为了有效规避相关风险，用户应该心中有数，提高防范意识，不随意点击虚假平台或者钓鱼网站。

■ 钓鱼网站

对此类风险，用户应该自己多加留意。虽然一些聊天软件在用户发送相关信息（如“转账”“密码”等关键字）时会提示用户存在风险，但是，通过中奖类短信或者消息弹窗方式发出的URL，聊天软件难以鉴别，需要用户自己谨慎处理。另外，一些电脑网络安全工具也会实时识别此类网站，并提醒用户可能是钓鱼网站。

不法分子会通过一些手段，让诈骗网页靠前，或者在用户的电脑感染木马病毒后，自动链接到诈骗网页。喜欢通过搜索引擎登录网站的用户，更容易链接到钓鱼网站。

用户在购物或转账时不要随意接收对方的文件包，打开的购物和支付链接要看清是不是属于官网，并时刻注意更新杀毒和反木马软件以确保电脑安全。

■ 二维码

白领王冠在淘宝选中一款料理机，提交订单后，准备付款时，出现一个二维码，让她扫码付款。于是，王冠拿起手机扫了一下二维码。没想到没过几分钟她就收到了手机欠费的短信。这时她才意识到：刚扫的二维码有病毒！不然不可能昨天才充的百元话费一天内就全部花完了。

二维码本身只是一个网络链接，是进入网络的端口之一，它并不存在任何侵略性或者攻击性。但是，一旦它所链接的内容存在问题，那么这个二维码就变成了“有毒”的二维码。

二维码产生之初，本是为了让用户迅速链接网址，进行即时查询。如今，二维码已经成为大众生活的主流应用之一，不仅应用在查询促销信息、团购消费、在线视频等方面，也开始向电视媒体这一传统领域进军。

国内各大电视台纷纷开通二维码功能，来提升与观众之间的互动。甚至各种宣传小广告也“与时俱进”，纷纷用上了二维码。

可以说，处处皆有二维码。但也正是在二维码全面崛起的背景下，利用二维码进行恶意传播的行为，例如手机病毒、虚假信息、诈骗活动等，也越来越多，颇有防不胜防之势。

犯罪分子一般将木马程序、网络病毒或者账号窃取软件等网址链接到二维码图片中。用户只需轻轻扫描，手机就会自动下载相关软件，远程监控程序得以被执行，支付宝里的密码也会通过数据的形式被复制或转移，甚至可以重设用户的第三方支付密码。更有甚者，在后台实时监控用户的移动支付情况，控制用户电脑终端。

因此，用户在扫描二维码之前，应该判断该二维码的来源。换句话说，也就是对二维码发布公司或企业的正规性或合法性有一个基本判断。如果用户无法做出判断，则要提高警惕。

■ 手机短信

近年来，支付宝与中国移动、中国联通、中国电信这三大通信移动公司陆续开通了手机短信服务。通过短信提示来告知用户最新的资金变动及投资理财信息，不料却让不法分子有机可乘，利用手机短信进行各种诈骗活动。

几天前，熊先生收到一条尾号为15688发来的短信，内容是支付宝即将升级，请熊先生尽快点击并登录短信中的提示网站，确认个人资金。

熊先生首先询问了身边的朋友，是否也收到这样的短信，得到否定的回答。然后他打电话咨询支付宝的客服人员，确认并没有举办或者安排类似的活动。于是熊先生做出判断，这是条诈骗短信。

此类短信经常以“系统更新或升级”为由，通知用户登录虚假网站，从而盗用用户的个人信息，非法挪用或占用用户个人资金。这时用户需要提高防范意识，掌握辨别诈骗信息的能力，并在适当的时候进行举报，维护自身的合法权益。

13.3 支付宝平台的金融风险

相比传统金融，支付宝理财的优势巨大，但随之而来的风险也更多。金融行业和互联网行业本身就是高风险行业，支付宝理财属于互联网与传统金融的融合与创新，其风险远比互联网和传统金融本身要大得多。

此外，支付宝理财产业链中普遍存在跨业经营，并非从单纯的传统金融行业进入金融领域，对金融风险和管控存在认识不足和能力不够的问题。

本节将一一分析支付宝平台中存在的金融风险，以及可能影响到投资稳定的因素。

■ 信用风险

信用风险又称违约风险，是指交易对手未能履行约定契约中的义务而造成经济损失的风险。

任何金融产品都是对信用的风险定价，其信用都得由组织、企业、个人、政府其中的一方来担保。例如“蚂蚁达客”这类无需抵押的股权众筹模式，一旦发起人发生违约的情况，其后果要比有担保、抵押的贷款严重。

无论当前的支付宝理财产品如何虚拟性及技术化，其核心还是金融，它的落脚点是金融而不是互联网技术。由于支付宝理财的核心是金融，那么它所改变的是实现金融的方式而不是金融本身。因此，支付宝理财产品的交易同样是对信用的风险定价。

如果没有任何机构、个人对某一产品进行信用担保，那么无论是创新金融产品的企业还是投资者，都可能把其行为的收益归自己，而把其行为风险让投资者或整个社会来承担，这就容易使得金融市场的风险越积越高。

■ 系统性风险

系统性风险是指由政治、经济及社会环境等宏观因素，造成支付宝理财平台破产或产生巨额损失而导致的整个金融系统崩溃的风险。

支付宝理财平台所面临的系统性风险有以下三类。

通货膨胀风险	•由于物价的上涨，同样金额的资金，未必能买到过去同样的商品。这种物价的变化导致了资金实际购买力的不确定性，称为购买力风险，或通胀风险。 •当通货膨胀速率大于投资理财收益时，人们将更倾向于实物投资。
政策风险	•政府的经济政策和管理措施的变化，将直接影响某一行业的发展前景，如果这种影响较大，就会引起市场整体的较大波动。
利率风险	•假设银行存款利率高于支付宝理财产品，那么人们会更加倾向于把资金存入银行，支付宝平台将受到巨大打击。

以上是金融行业中常见的系统风险，而对于支付宝来说，其存在的系统风险有两大特点：

一是系统性风险只对整个系统的功能产生影响，并不是对单纯的局部；

二是系统性风险具备非常强的传染性与蔓延性，如网贷平台的风险将蔓延到第三方支付平台。

系统风险属于不可控风险，支付宝可以分散、控制的风险只有非系统性风险。或者说，无论支付宝风险怎样分散、控制，其系统性风险都是存在的。

此外，我国金融行业发展不充分，金融业开放度不够。金融牌照严格管制、行业垄断明显、利率市场化进程缓慢、存款保险制度缺失、多层次金融监管体系尚未建立等，金融市场环境的不完善给支付宝理财带来了诸多不确定性。

■ 运营风险

支付宝的运营模式并不完善，主要表现在以下两个方面。

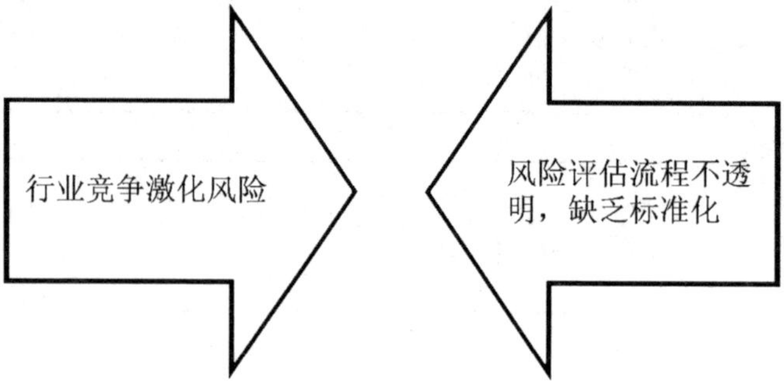

行业竞争激化风险。支付宝主要的收入来源体现为服务费和管理费，服务费等都是以成交为前提的，且一般情况下为理财成交金额的一个固定比例。随着行业内部竞争的日益激烈，以及资本方对盈利和增长需求的加强，对利润增幅的要求也越来越高。在缺乏行业监管，同时内部审核和风险控制流程目前都由企业内部自主决定的情况下，对风险的审慎态度将慢慢让位于对利润的追求。随着时间的推移，业务质量会逐步恶化，同时企业经营杠杆率也会逐步增加。在面临大的宏观环境变局时，整个行业面临的系统性风险也不容忽视。

风险评估流程不透明，缺乏标准化，难以从监管角度评估行业风险。另外，企业的风险评估不具备透明性，难以从行业发展的宏观角度对整体行业金融风险进行有效监控和监管。

■ 法律风险

支付宝理财是一种新的金融方式，而现有的金融法律法规尚未完善，这势必造成较大的法律风险。

支付宝理财创新太快，而相应的监管模式和手段还比较落后。由于互联网发展迅速，互联网企业、通信运营商等非金融类企业纷纷进入金融领域搅局，传统金融产品加快了创新步伐，支付宝理财领域的新产品、新业态与新模式不断涌现。而我国对互联网理财的监管还相当滞后。支付宝平台难以主动规避法律风险，只能依靠更加完善、合理的制度来控制法律风险。

13.4 支付宝理财需要做好的三大安全防护

支付宝理财凭借着自身的移动性、即时性和便捷性获得了越来越多的人的青睐和使用，成为了人们日常生活中的重要一部分。

但是，支付宝理财也存在着安全隐患，比如不慎丢失手机会造成的个人资产损失、易遭受电脑病毒入侵、诈骗短信、二维码木马、电子密码器升级诈骗等各种威胁和风险。所以，在支付宝理财没有绝对的安全，只有相对的安全。而且到目前为止，所有的理财软件，都是以牺牲某种程度的安全为代价。不过用户可以使用以下方法，来提高个人的支付宝理财的安全等级。

■ 密码一定要保管好

虽然支付宝理财具有“操作方便”“简单易会”的特点，但仍有很多用户贪图方便，将相关的账号信息或者银行卡密码存储在电脑上。这样做意味着用户电脑一旦被黑客侵入，就会造成密码泄露，继而危害到用户个人资产的安全。

手机或电脑不要随便外借或随处乱放

不要在电脑中存入银行卡密码或重要信息

不要随意打开陌生软件，以防软件中带有木马程序

手机或电脑丢失后要及时申请冻结银行卡和相关的支付服务

最好不要将银行卡和身份证放在一起

当支付宝账户中的资金被盗时，及时报警

■ 保持良好的理财习惯

如今，支付宝在人们的日常生活中发挥着越来越重要的作用，除了保持常规的转账、付款等功能外，还可以为用户提供手机充值、缴纳生活费等其他生活类功能。一个看似简单的平台，却可以提供理财、娱乐、工作等多方面的服务。

很多用户有这样的顾虑：万一支付宝被别人登录了，那么自己账户上的资金就面临被转走的风险。不过，只要用户注意并保持下面的支付宝理财习惯，就不用太担心安全问题。

（1）尽管支付宝自身配有密码防护，用户最好为支付账户设置单独

的、安全级别较高的二次密码。

（2）用户必须从支付宝官方网站上进入各类理财平台，同时确认签约绑定的是本人的手机号码，这样可以有效规避钓鱼网站的风险。

（3）如果发生电脑或手机无故死机或不能使用等情况时，用户要立即向网络运营商查询原因，以免错过最佳的止损时间。

（4）查询或确认理财信息后，用户要退出登录。部分理财平台有超时退出功能，部分没有，所以用户对此要特别留心。并且，用户也要及时清除电脑内存中临时存储的个人账户、密码等关键信息。这样，即使电脑遭受侵入，不法分子也难以盗取或利用用户的个人信息。

（5）安装电脑管家软件，开启电脑防护功能。

（6）如果用户更换了手机号码，要及时解除并更新原来的手机号码与支付宝的绑定关系。如果手机不慎丢失，也要及时赶到就近的银行网点，办理冻结手机理财功能，避免造成经济损失。

（7）用户应该结合自身的实际情况，设定每天或每月转账的最高额度。如果用户只是进行小额支付的话，不妨把转账金额设定得稍微低一些，这样也能充分保障资金安全。

■ 安装手机杀毒软件

目前，360安全卫士是下载量最多的一款免费的手机监控软件，集优化加速、查杀修复、电脑清理、电脑体检等功能于一身，也是最受好评的电脑杀毒软件之一。

360安全卫士，不仅可以全面扫描电脑中已安装的软件中存在的病毒隐患，还可以对陌生软件进行联网云查杀。与此同时，360安全卫士还可以详细列出恶意软件的威胁行为。

360安全卫士的使用步骤如下所述。

下载360安全卫士到你的电脑上并打开，将版本更新到最新，因为很多病毒和木马都是会随时更新的，杀毒软件也要对应更新。

（1）体检功能。点击“立即体检”按钮，360安全卫士会对你的电脑进行全面体检，包括电脑软件出现的漏洞、垃圾以及木马插件等。

检测完成，点击“一键修复”，对存在的问题和垃圾进行全面的修复和清理。手动完成对插件和敏感区域文件的清理，还电脑一个清静安全的运行环境。

（2）查杀修复。360安全卫士的查杀修复功能包括木马查杀、常规修复、漏洞修复、主页锁定等功能。在360安全卫士的首页下方，点击“查杀修复”按钮。

“查杀修复”分快速扫描、全盘扫描、自定义扫描三种类型。

快速扫描：直接扫描关键性位置，速度快，节省时间。

全盘扫描：扫描全部的文件，虽然速度慢，但是可以彻底扫描出磁盘中的木马文件。

自定义扫描：自定义扫描的位置。

右上角有个“立即扫描”，默认使用的是快速扫描。

在右下角，还有一些选项：“设置”就是设置木马查杀功能；“信任区”就是可以写入一些信任的软件以及文件，查杀时会避开对那些文件进行查杀；“恢复区”就是可以恢复一些可能被误删的“木马”文件；“上报区”也就是向360上报可能存在却未被扫描出来的可疑木马文件。

你可以根据自己的需要，选择要查杀的位置和功能，点击相应的按钮，即可进行查杀。

（3）电脑清理。无论是我们的办公电脑，还是娱乐、生活电脑，在使用一段时间以后，电脑运行速度会渐渐地变慢。这是因为电脑里各种垃圾软件、碎片、痕迹残留的缘故，我们应该不定时地进行清理。

在360安全卫士的首页，点击“电脑清理”按钮，进入其窗口。“电脑清理”可清理六种垃圾：电脑中的垃圾文件，浏览器使用痕迹，无效的注册表项目，无用的插件，推广弹窗不常用的软件、上网、游戏、购买等记录。

点击窗口右上方的“一键扫描”按钮，对电脑里的六项垃圾进行扫描。扫描完毕，点击“立即清理”按钮，即可进行清理。

如果你想定时清理电脑，则可以选择软件下侧的“自动清理”按钮，然后选择“定时清理”，再选择清理的频率、时间和清理的内容，软件即可自动定时清理电脑。

（4）优化加速。使用一段时间后，你会发现电脑运行速度越来越慢，电脑开机、系统、网络、硬盘越来越慢。那么如何让电脑变得快一些呢？你可以用360安全卫士的“优化加速”功能。

在360安全卫士的首页界面，点击“优化加速”，进入其窗口。“优化加速”有四大用途：开机加速，优化软件自启动状态；系统加速，优化系统和内存设置；网络加速，优化网络配置和性能；硬盘加速，优化硬盘传输效率。

点击右上方的“开始扫描”按钮，对电脑进行扫描。扫描完成，点击“运行加速”按钮即可。

本章精彩导读

支付宝理财的三大误区
具有火眼金睛，识破创新噱头
低风险≠无风险
产品收益随行就市
尽量少涉足“常规收益+补贴收益”
减少“懒人理财”行为

第 14 章　支付宝投资理财攻略

支付宝理财颠覆了传统的理财模式，各种小额理财产品的推出，让理财变得“大众化”，人人皆可参与。然而，尽管支付宝理财风险低，但并非毫无风险。想要获得理想的理财收益，就要不断提高自身的理财技巧，熟悉市场，做出准确的判断。

14.1　支付宝理财的三大误区

支付宝理财是一种新型理财方式，如用户对其不甚了解，对其存在一些误解也是难免的。

下面是一些常见的误区示例，之后是对误区的解读，希望能帮助读者走出理财误区。

支付宝理财的三大误区		
同时打开数个理财平台	不重视支付安全	轻信官方的夸大预期收益率

■ 同时打开数个理财平台

对于刚刚接触支付宝理财的用户来说，常有这样的行为：一个“余额宝”就可以完成的工作，偏偏要打开数个理财产品来完成，借此来炫耀自己在理财方面的“达人”地位。这种做法并不科学，理财产品并不是越多越好，具体原因如下。

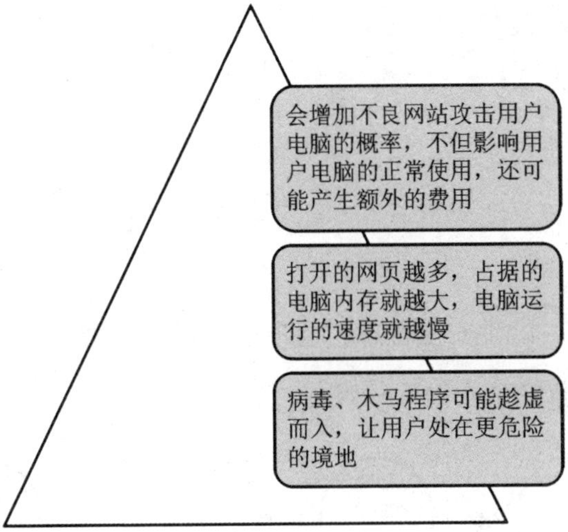

■ 不重视支付安全

互联网技术的发展日新月异，支付宝上的理财产品也逐渐增多，供用户多方面选择。同时，由于投资方便、快捷，因此支付宝理财也逐渐成为人们的主流理财方式之一。

尽管支付宝与“钱袋子”息息相关，但仍有许多用户对支付宝支付安全做得不到位，具体表现为以下两种情况。

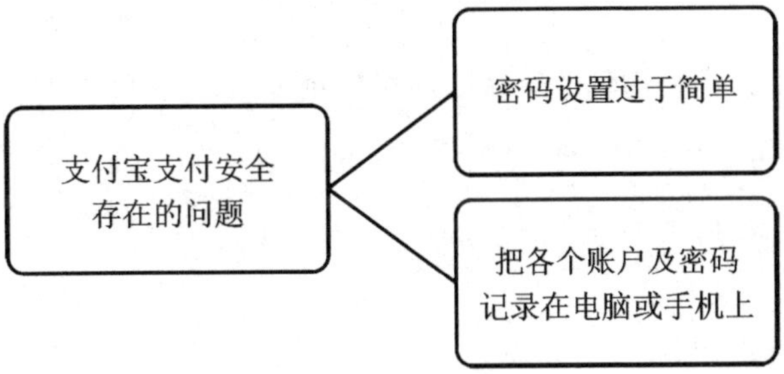

（1）密码设置过于简单

错误做法：很多用户出于偷懒的心理，总是“一个密码走天下”，邮箱、银行卡、支付宝、理财账户等，一个密码，轻松搞定。并且有的用户极其喜欢把生日、身份证号码等数字，设置成账号密码。

对于用户本人来说，这样设置密码方便记忆。殊不知这样的密码也极其容易被不法分子破解并利用，任何登录平台的密码泄露，都可能造成个人资料的外泄，将用户所有账户置于危险之中。

正确做法：出于安全考虑，用户最好在涉及资金的个人账户里设置不同的密码。设置密码的技巧如下：

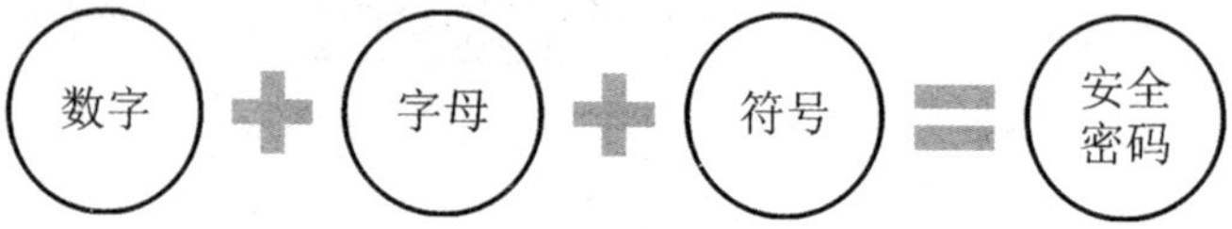

如果用户需登录“支付宝”，最好将登录密码和支付密码设置成不同的密码。

(2) 把各个账户及密码记录在电脑或手机上

错误做法：由于各种账户密码不一样，所以很多用户为了方便，把各个账户及密码记录在电脑或手机上，这样便可以随时查看。但是，这种做法很危险，一旦电脑或手机连接了不安全的公共网络，很有可能遭受木马病毒的入侵，造成系统的崩溃和个人信息的泄露。

正确做法：用户不要轻易在不可信或不安全的公共网络环境下进行个人理财业务，尤其对于一些不熟悉的网站，要提高警惕，不可轻易填写个人真实信息。

■ 轻信官方的夸大预期收益率

余额宝一炮而红之后，支付宝也乘势推出了很多高收益产品，有些理财产品的收益率高达8%，甚至10%。但是也有相关报道证明，高达8%甚至10%的年预期收益率通常存在着背后交易。

尽管高于同期传统理财产品数倍的年预期收益率可以在短期内吸引用户的关注，但这并不能代表投资理财产品的实际收益率。换句话说，官方的夸大预期收益率，可能是误导投资者的噱头。对此，投资者要拒绝高收益率的诱惑，做出符合正常市场规律的预期判断。

14.2 具有火眼金睛，识破创新噱头

如今，互联网金融风生水起，支付宝理财也火了一把，各种各样的理财产品如雨后春笋般不断涌现，成了偏好稳健投资者的选择。余额宝、招财宝等理财产品的低门槛、随时提现等优点吸引了不少投资者，一经推出就获得了极大的关注，尝试者不在少数。

事实上，理财产品是电商平台给客户的增值服务，平台为客户提供比如免费银行转账、免费体验等，用这种方式来留住老客户、吸引新客户。就支付宝理财产品本身而言，其数字化的属性也非常适合在互联网上发展。所以，不管是支付宝还是金融机构，都希望能抢占先机，得到更多的资源。于是，不管是实体基金公司销售，还是支付宝线上推广，各方都在积极地推广类似的理财产品。支付宝现在的理财产品已经有不下十种。

就理财产品品种而言，银行有更多的理财产品可供选择，只不过相对于支付宝来说，去银行购买理财产品的操作比较复杂，严重影响客户的体验。

支付宝理财产品的创新性体现在它的销售渠道和功能性等方面，因为传统的理财产品，基本上没有可线上交易的。实际上，支付宝理财产品在风险和收益上，和传统的理财产品差不多。

现在支付宝上比较流行的几款理财产品其实都绑定了一些中等水平的基金，投资者未必能挑到好的。只是支付宝理财比较好上手、好操作，因而极受欢迎。这些产品在推广时，会把利率和银行存款进行对比。但收益再高，安全性相比银行还是稍逊一筹，而且其收益也是不稳定的。

选择支付宝理财产品的技巧

- 结合自身需求
- 要关注绑定基金的表现
- 不能被一些宣传上的“包装”弄花了眼，以至于盲目作出投资选择

支付宝理财确实比传统的理财产品更平民化，比如门槛低、投资灵活等，但是理财是有风险的，创新只是个噱头。投资者在选择理财产品的时候要擦亮眼睛，对产品有了深入了解后再做决定，如此才能将风险降至最低。

14.3 低风险≠无风险

支付宝理财产品的“标准特质”就是低风险、高收益。其实这种宣传方法很容易把投资者带入一个误区，那就是，购买支付宝上的理财产

品不会亏钱。但实际上，投资都是有风险的，低风险不等于无风险。对此，投资者应多加注意。

虽然支付宝上的理财产品越来越多，但是主要集中在货币市场基金和短期理财基金上，产品类型还是比较单一。

从风险方面来看，短期理财基金和货币市场基金风险比较低，主要投资现金、定期存款、债券等等。这类理财产品，不会给投资者造成资本上的损失，另外还能给投资者带来一些收益，但是收益情况受整体金融市场的行情的影响。

投资者想要规避风险，就要对货币基金、理财基金等风险有所认知，同时要正确面对风险，风险是客观存在的，不受主观条件制约。

无论在我国还是在发达国家，货币基金均曾出现过净值低于基价的情况。当摊余成本法估算的货币基金价值与代表公允价值的影子价格偏离过大时，货币基金就面临一定的风险。因此，“风险低”不等于“没风险”。

我们可以引入银行理财产品对低风险产品作出的三种划分：

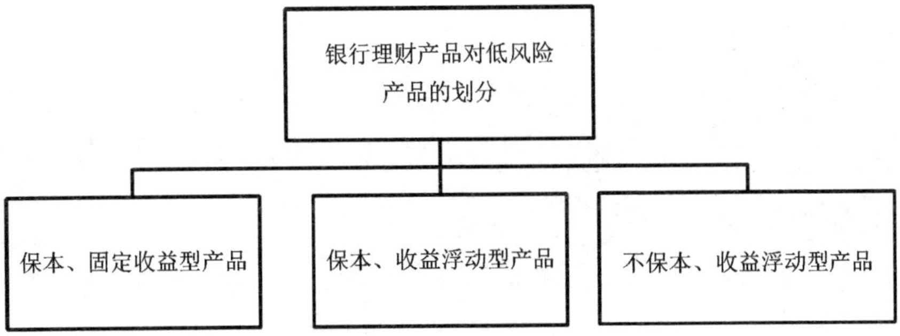

现在，支付宝平台上推出的理财产品多属于“不保本、收益浮动型”产品。

除了风险问题，支付宝理财平台的安全问题同样也要注意。支付宝的安全防卫措施是否有保障？认证手段是否完善？投资者自身的安全意识要加强，注意不要告诉别人自己的密码，密码设置要复杂等等。

互联网金融给我们带来便捷的同时，也是对我们安全意识的考验，安全问题不容忽视。

14.4 产品收益随行就市

“年收益率可达7%以上”“当月投资，下月赚钱”，这种宣传口号在理财产品推广过程中已经见怪不怪了。有些投资者被理财产品的高收益所诱惑，但他们忽视了收益不是一成不变的，会随行就市，会随着金融市场行情的变化而变化。

支付宝理财产品的“火”点燃起不少投资新人的理财热情，老陈就是其中的一员。尤其是招财宝“收益高达活期存款的××倍”，让他觉得格外有吸引力。

老陈工作的时间不长，收入也不算高，有一点储蓄也都是存在活期账户上。一是准备着交房租、还信用卡欠款时使用；二是钱不多，达不到那些传统理财产品的门槛。

投资灵活、收益高、门槛低，招财宝的这些特点正好满足了老陈的需求。他用自己活期账户的2万元购买了招财宝上的一款理财产品。每天观察账户的净值变化已成为了老陈的一桩乐事。

不过，老陈很快就发现，这款理财产品的收益并不会一直像自己以为的那样高，同时收益也不稳定，有时高有时低。

支付宝为投资者建立了新的投资平台，对投资者带来极大的便利。但是投资者要了解自己投资产品的具体情况，是如何获得收益的等。

支付宝上很多理财产品是与一些货币基金进行捆绑，投资者购买这些产品实际上就是认购了与之捆绑的基金。比如，“余额宝”就是支付宝与天弘基金合作推出的，投资者把钱转入“余额宝”账户实际上是购买了天弘基金的产品。

因此，这些产品的收益率准确地来说是指货币基金的7日年化收益率。如2013年10月25日，“余额宝”的7日年化收益率为4.8110%，是活期存款利率（0.35%）的13.74倍。但是，7日年化收益率是一个浮动的值，每天公布的数据水平都不相同，与活期存款利率的所谓倍数关系并不是一直不变的。比如，货币市场资金紧缺时，收益率就会上涨，吸引大量投资者增加投资数量；反之，收益率就会下降。影响收益率的原因有很多，基金策略和市场行情都会对其有影响。

其实，体现一个理财产品收益的最好标准不是7日年化收益率。因为所谓的“7日年化收益率”指的是过去的七天这个产品的收益率，并不代表产品未来的收益水平。

实际上，“7日年化收益率”是一个平均值，如果过去7天中某一天收益率忽高或忽低，对平均值的影响也会很大。

投资者可以重点关注的是货币基金的“日万份基金单位收益”。这个指标的含义是：

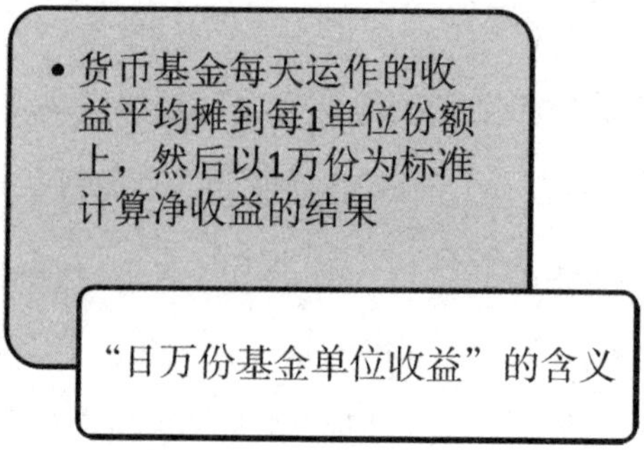

日万份基金单位收益是投资者按日计息的计算基础。

14.5 尽量少涉足“常规收益+补贴收益”

支付宝平台上的一些理财产品会打出“高出一筹”的收益率，为什么会这样呢？是因为，除了产品的常规收益外，还会为投资者提供一些补贴收益。

理财产品常用这种方式吸引顾客，留住顾客。但是补贴收益不是每个人都能获得的。

例如，大伟是支付宝理财达人，最擅长的是在各种支付宝理财平台上精挑细选。这段时间，他对淘宝保险上的保险产品兴趣浓厚。

大伟认为，一是淘宝保险有多家保险公司的入驻，产品也比较丰富；二是具有投资和保障两种功能，在投资期间还可获得一定的保障；三是收益率“高出一筹”。

大伟所选择的是一款热销的理财保险，投资期为一年，其预期收益率最高可以达到6.4%。

表面上高收益率看起来非常诱人，但是假如我们认真地研究一下这个产品，就会发现，实际收益和预期还是有出入的。

作为一款万能险产品，淘宝网给出的预期年化收益率为5.2%，在这个收益率基础上，投资者每投资1000元可以获得1200集分宝。这里要注意，集分宝并不是返还现金，而且年化收益率仍保持5.2%不变。

但是，集分宝是可以兑换现金的。每100集分宝可以抵现1元。也就是说，每投资1000元可以获得12元的返现，换算成收益的话就是1.2%。因此，两项收益相累加，在实现预期年化收益率的前提下，这款投资期为一年的产品，其收益率能够达到6.4%。

实际上，集分宝类似积分。尽管积分回馈计入总收益没有问题，但是，还是不同于传统意义上的收益形式，所以，投资者在面对高收益率时，一定要弄清楚该产品是如何收益的。

另外，投资者还要弄清楚的是，万能险理财产品推广时，只能保证最低2.5%的年化收益率，最高收益只是一个“预期”的概念，以最后实际收益为准，所以，最终收益出现偏差属于正常情况。

支付宝利用互联网的特性，开发了许多新型理财产品。在一些理财产品的发行中，常利用高收益率引起投资者的关注，吸引投资者购买。

如今，互联网金融越来越流行，大家都想从中分一杯羹，于是使出浑身解数抢占市场，扩大份额。但是，理财不同于普通的消费，投资者一定要遵循市场规律，而不要盲目投资。另外有关部门也要加强监管。

投资者需要认清的是：各种收益结构背后，到底能够为自己带来怎样的回报？一些超乎寻常的高收益，其可持续性如何？对那些明显越界的产品，则少碰为妙。

14.6 减少“懒人理财”行为

支付宝上的理财产品以短期理财和低风险理财为主，类型比较少。假如投资者想要获得更大的收益，仅投资这些理财产品是不够的，应该考虑其他类型的理财产品。

随着支付宝理财产品的逐步升温，看着身边的不少“小伙伴”都把钱投进了支付宝，周伟也有些心痒难耐。

虽然对基金还知之甚少，但周伟还是一口气把5万元闲钱都投进了一款支付宝理财产品当中。看着每天账户里的资金收益在一点点地增长，周伟颇有些乐不可支地说：“没想到也有我可以轻松投资的理财产品，不愧是理财‘神器’!”

基于此，周伟还打算今后一有闲钱就投到这款理财产品当中，“又方便又有效，以后投得多了赚得更多。”

其实我们身边有很多像周伟这样的理财者，看别人怎么做，自己也依样画葫芦。这种做法是不可取的，投资有风险，不能盲目跟风。

一方面，这样的投资者对于所购买的产品是什么、如何盈利、收益为何波动均不了解，从而无法正确分辨其好坏、认识其风险

另一方面，把资金全部集中投向某一种理财产品，不能有效地防范投资风险，也难以获得理想的投资收益，是投资理财中的大忌

我们可以发现，支付宝理财的产品确实种类多样，给人们带来了新鲜感。但实际上这些都是换汤不换药，产品类型太单一，收益率也都差不多。

从产品种类和特点来看，这一类理财产品适合那些风险承受力比较低的投资者。想要获得更大收益，这些产品则无法满足需求。

每个人的风险承受能力不一样，只有根据自己的实际情况，选择适合自己的理财产品，才能获得理想的收益。低风险的产品并不适合所有人，目前的支付宝理财产品也很难“赚大钱”，无法满足较长远的理财目标。

因此，投资者要合理分配自己的投资资金，不要把全部资金投资在互联网短期产品上，想要成为理财高手，还是要看清局势再投资。

那么，投资者应该如何利用支付宝进行长期投资呢?

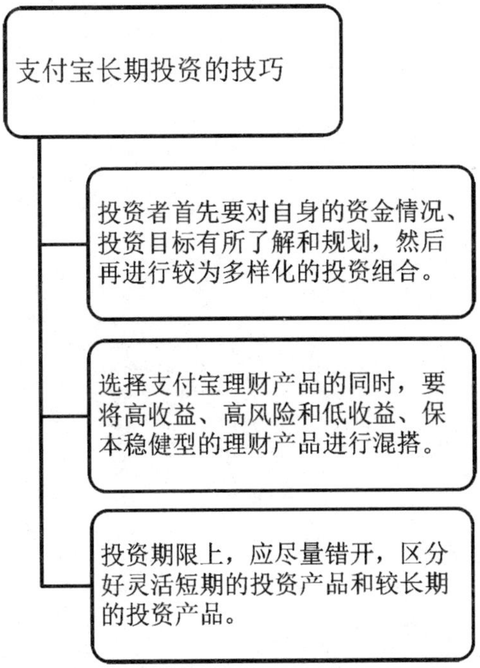

在这里要强调的是，年轻人的风险承受能力和学习能力都很强，应该多了解一些理财知识，现在互联网很发达，网络上有很多理财达人的投资心得，可以拿来借鉴一下。最重要的是，对于理财要有自己的分析和洞察，要有自己的理财计划，而不要依靠这些“懒人理财”方法来理财。